KNAUR

Sabatina James

Scharia in Deutschland

Wenn die Gesetze des Islam das Recht brechen

KNAUR

Besuchen Sie uns im Internet:
www.knaur.de

FSC
www.fsc.org
MIX
Papier aus verantwortungsvollen Quellen
FSC® C083411

Originalausgabe September 2015
Knaur Taschenbuch
Ein Imprint der Verlagsgruppe
Droemer Knaur GmbH & Co. KG, München

Umschlaggestaltung: ZERO Werbeagentur, München
Umschlagabbildung: picture alliance/dpa
Satz: Adobe InDesign im Verlag
Druck und Bindung: CPI books GmbH, Leck
ISBN 978-3-426-78680-2

5 4 3

Inhaltsverzeichnis

I.

Gefährliche Multikulturalisten

Rund fünf Prozent der deutschen Bevölkerung sind Muslime. Ihre Zahl wird auf etwa 4,3 Millionen geschätzt. Auch fünfzig Jahre nach dem Beginn der Zuwanderung aus muslimischen Ländern in die deutsche Gesellschaft führt ein Großteil der Muslime ein durch ihre Herkunft bestimmtes Eigenleben. Obwohl die Ursachen dafür längst bekannt sind, ist kaum etwas unternommen worden, um diese zu beseitigen. In den sechziger und siebziger Jahren des vergangenen Jahrhunderts bezogen die Zuwanderer jene Wohnquartiere, die von den Deutschen auf der Suche nach neuem Wohnraum zurückgelassen wurden. Das waren zumeist Altbauwohnungen in historischen Arbeitervierteln, wo sie zum Teil bis heute leben. Beispiele hierfür sind der Berliner Bezirk Kreuzberg, die Duisburger Stadtteile Marxloh und Hochfeld oder auch Köln-Ehrenfeld. In diesen Vierteln entstanden eigene soziale Netzwerke, aus denen letztlich Parallelgesellschaften erwuchsen. Parallelgesellschaft bedeutet, dass die Menschen in ihren Wohnvierteln alles finden, was sie zum Leben benötigen: Es gibt türkische oder arabische Ärzte, Rechtsanwälte und Supermärkte. So kommen vor allem die Frauen kaum in Kontakt mit der deutschen Mehrheitsgesellschaft. Und auch die Kinder wachsen in ihrem engeren Umfeld in einem kulturellen Klima auf, das eher demjenigen gleicht, das ihre Eltern in Anatolien, Nordafrika oder Mittelasien verlassen haben.

Wer nach den Ursachen für diese Abschottung sucht, kommt am Koran nicht vorbei. Dieser stellt die Integration seiner Anhänger in eine westliche Gesellschaft als nicht erstrebenswert da. »Ihr Gläubigen! Nehmt euch nicht die Juden und die Christen zu Freunden«, heißt es zum Beispiel in Sure 5:51. Oder Sure 3:118: »Ihr Gläubigen! Nehmt euch nicht Leute zu Vertrauten, die außerhalb eurer Gemeinschaft stehen.« Und Sure 60:13 verlangt von den Muslimen: »Ihr Gläubigen! Schließt euch nicht Leuten an, auf die Allah zornig ist.« Diese Koran-Verse werden überall in den Moscheen gelesen und sind in vielen Ländern über die Minarette zu hören. Wie soll sich ein Mensch in eine nichtislamische Gesellschaft integrieren und sich für das Wohl der Allgemeinheit einsetzen, wenn derlei Aussagen mit moralisch-religiöser Autorität sein Leben machtvoll beeinflussen oder sogar völlig beherrschen? Und wie soll ein Mensch mit solch einer Grundhaltung von der Mehrheitsgesellschaft angenommen und integriert werden?

Der Gründer des Islam, sein Prophet Mohammed, glaubte fest an eine gegen ihn gerichtete jüdisch-christliche Verschwörungstheorie. Diese Neurose prägte mehrere Suren und setzte sich so dauerhaft in den Köpfen seiner Anhänger fest. Sie ist das zentrale Motiv dafür, dass sich Islamisten trotz ihrer aggressiven Grundhaltung immer in der Opferrolle sehen und unendliche Forderungen an die Welt um sie herum stellen. »Die Juden und Christen werden nicht mit dir zufrieden sein, solange du nicht ihrem Bekenntnis folgst«, heißt es in Sure 2:120.

Vergleicht man die Zustände in deutschen Migrantenvierteln mit denen anderer großer Einwanderungsländer, wie etwa den USA, dann fallen gravierende Unterschiede auf: Auf der ganzen Welt bringen Migranten das, was ihre Kultur ausmacht, also ihre Religion, ihre Sprache und ihre Traditionen, mit in die neuen Länder. Allerdings bewahren sie diese meist in ihrem privaten Umfeld oder auch in Vereinen. Im Alltag leben sie hingegen die Kultur ihrer neuen Heimat, sie verschmelzen mit der Gesellschaft, die sie aufnimmt.

Das gibt es auch in Deutschland: Immigrieren Chinesen, Italiener oder Vietnamesen in die Bundesrepublik, lernen sie die Sprache, schlagen Wurzeln, passen sich an, ohne ihre Herkunft zu verleugnen. Kurz gesagt: Sie werden in ihrer kulturellen Eigenheit zu einem Teil Deutschlands. Keiner von ihnen kommt auf den Gedanken, in der Öffentlichkeit zu jammern, weil ihnen niemand eine Willkommenskultur bereitet. Vor allem aber machen sie in der Regel nicht durch Probleme oder gar Verachtung gegenüber dem Rechtsstaat auf sich aufmerksam.

Anders verhält es sich meist bei türkischen oder arabischstämmigen Zuwanderern aus dem islamischen Kulturraum. Die Diskussionen um ihre Probleme beschäftigen zahlreiche deutsche Talkshows, ihre Religion ist Thema einer speziellen Islamkonferenz, nicht zu vergessen die zahlreichen runden Tische und Integrationsbeauftragten. Letztere setzen allein durch das Pochen auf Deutschkurse und Migrantenquoten den Fokus der Integration verheerend falsch.

Das primäre Problem ist nicht, ob jemand die Sprache spricht, in die Kultur assimiliert wird oder sich an die hiesigen Gepflogenheiten anpasst. Die Frage ist, ob die Vorstellungen eines Immigranten über eine erstrebenswerte Gesellschaftsordnung mit demokratischen Grundsätzen vereinbar sind. Das ist die alleinig entscheidende Frage!

Diese Kompatibilität mit der Demokratie ist bei vielen Muslimen eindeutig nicht gegeben. Denn sie akzeptieren Andersdenkende, Andersglaubende, Anderslebende und Frauen nicht als rechtlich gleichgestellte Menschen. Belegt hat dies die Studie »Lebenswelten junger Muslime«, die das Bundesinnenministerium im Jahr 2012 veröffentlichte. Darin wurden 706 junge deutsche und nichtdeutsche Muslime telefonisch befragt. Zudem analysierten die Autoren 692 Fernsehbeiträge aus Nachrichtensendungen. Eines der Ergebnisse war: Jeder vierte Muslim lehnt die Integration ab. Nur 52 Prozent der jungen nichtdeutschen Muslime wollen sich integrieren, während 48 Prozent »starke Separationsneigungen« zeigen und die deutsche Mehrheitskultur klar ablehnen.

So bleiben Türken und Araber zumeist unter sich. Und dank Satellitenfernsehen wird das kulturelle Selbstverständnis ihrer Herkunftsländer dann auch noch direkt in die Wohnzimmer deutscher Migranten gesendet. Nicht zuletzt dieser technischen Entwicklung ist es zu verdanken, dass die Sprachkenntnisse vieler Kinder der zweiten Einwanderergeneration häufig schlechter sind als die ihrer Eltern. Außerdem verfestigt sich durch viele TV-Serien, insbesondere des türkischen Fernsehens, ein archaisches Rollenverständnis, in dem vor allem wenig gebildete junge Männer Zuflucht suchen und damit oft folgenschwere Konflikte provozieren, die bis hin zum Ehrenmord reichen.

Auch ein anderes Ergebnis der Studie »Lebenswelten junger Muslime« lässt aufhorchen: 15 Prozent akzeptieren Gewalt gegen den Westen. Die Autoren schreiben über »streng Religiöse mit starken Abneigungen gegenüber dem Westen, tendenzieller Gewaltakzeptanz und ohne Integrationstendenz«.

Diese Entwicklung ist vielen Menschen in der deutschen Bevölkerung nicht entgangen. Sie spüren, dass etwas nicht stimmt, dass da etwas ist, das sie nicht haben wollen. Und dann stellen sie sich folgende Fragen: Wie viele Demokratiegegner verträgt das Land? Wie viele Demokratiegegner kann man der Bevölkerung zumuten? Wie viele Demokratiegegner muss eine Bevölkerung tolerieren? In welchem Maße und in welcher Geschwindigkeit ist die Steigerung der Missstände tragbar? Wie sinnvoll ist der weitere Zustrom von Demokratiegegnern, wenn man mit den vorhandenen schon nicht klarkommt und nicht einmal in der Lage ist, den schlimmsten Auswüchsen öffentlich entgegenzutreten?

All diese Fragen müssten öffentlich diskutiert werden. Aber die Debatte wird mit dem Argument der »Political Correctness« unterdrückt und von der Bevölkerung die widerspruchslose Hinnahme der Missstände verlangt. Dadurch staut sich bei vielen Deutschen ein Gefühl der Hilflosigkeit und Ausweglosigkeit auf, was wiederum Wasser auf die Mühlen rechter Extremisten ist.

Viele Deutsche können ihr Unbehagen gar nicht klar formulieren, zumal seitens der Politik und der Medien immer wieder versucht wird, die Zusammenhänge zu vertuschen. Sprachlosigkeit macht sich breit, wie in einer zerrütteten Ehe, in der Probleme nicht offen angesprochen und damit auch nicht gelöst werden. Vor fünfzig Jahren vertraten die meisten Politiker noch die These, dass sich Muslime in der zweiten, spätestens in der dritten Generation von selbst integrieren, vielleicht sogar assimilieren. Dies erwies sich jedoch als Fehlannahme. Später unternahm man viele vermeintlich integrationsfördernde Maßnahmen, die bis heute andauern. Vergeblich, denn kein Sprachkurs, kein runder Tisch, kein Integrationsbeauftragter und keine Islamkonferenz konnten verhindern, dass sich muslimische Parallelgesellschaften immer mehr zu Gegengesellschaften entwickeln, in denen Salafisten ungestört ihre Anhänger um sich scharen.

Während Sozialromantiker einen großen Bogen um unangenehme Themen wie Zwangsehen, verbotenen Schwimmunterricht und Ehrenmorde machen, die eine Multikulti-Gesellschaft mit sich bringt, scheinen andere von der Realität eingeholt worden zu sein und räumen offen ein: »Multikulti ist gescheitert!« Die Vorstellung, dass Menschen verschiedenster Ethnien in Harmonie miteinander leben, während sie verschiedene Kleidung tragen, verschiedene Religionen und Kulturen praktizieren und sich trotzdem mit Toleranz begegnen, ist zwar eine wünschenswerte Idee, scheitert aber an der Realität. Sie existiert oft nur in Leitartikeln führender Zeitungen und TV-Sendungen, in Aufsätzen von Universitätsprofessoren oder in den Reden jener Politiker, die in Ausländermilieus auf Stimmenfang gehen. Sie alle verbindet das Wunschdenken und das scheinbar unantastbare Weltbild des Multikulturalismus.

Der Multikulturalist, der sich selbst als kritischen Geist rühmt und seine Meinung als überlegenen Moralkompass des Guten ansieht, will die Welt retten. Vor allem jene Welt, die nicht weiß und christlich ist, weil er in ihr den Inbegriff des Imperialismus sieht. Ihn lässt Gewalt gegen Christen in islamischen Ländern kalt, während ihn Islamkritik in Wut und Empörung versetzt. Er hasst Gewalt, aber ergießt sich in langen Reden, um Gewalt zu rechtfertigen, wenn sie in islamistischen Kreisen vorkommt und sich gegen die vermeintliche Ausgrenzung von Muslimen richtet. Man erkennt ihn auch daran, dass er gewalttätige islamistische Terroristen in Schutz nimmt, während er jene als dumpfe Rassisten und Rechte bezeichnet, die solche Gewalt öffentlich thematisieren.

Multikulturalisten können oder wollen nicht einsehen, dass viele Richtungen des Islam die Integration seiner Anhänger in eine fremde Gesellschaft unter keinen Umständen zulassen. Anlass zum Umdenken hätten sie jedenfalls. Allein schon wegen der folgenden Leitsätze, die der damalige türkische Ministerpräsident Recep Tayyip Erdoğan im Jahr 2008 vor Tausenden Türken in Köln verkündete: »Assimilierung ist ein Verbrechen gegen die Menschlichkeit!« Ist es nicht vielmehr ein Verbrechen gegen die Menschlichkeit, »astreine Demokraten« wie Erdoğan, die lästige, insbesondere säkulare Kritiker gerne mal ins Gefängnis befördern, kritiklos in Deutschland auftreten zu lassen? Möglicherweise sehen es Multikulturalisten ja sogar als Zeichen des Respekts, wenn durch ihre Relativierungen das Schicksal und das stille körperliche wie seelische Leid von Tausenden zwangsverheirateten Frauen verharmlost werden, weil schon das Aufzeigen solcher Menschenrechtsverletzungen in unserer Mitte als Islamophobie geächtet wird. Kaum jemand weiß um die Repressalien, die Muslime ertragen müssen, wenn sie den Islam verlassen, worauf laut Scharia die Todesstrafe steht. Kaum jemand empört sich, dass es in den Scharia-Staaten der Welt keine Gleichberechtigung für Frauen und Minderheiten gibt. Kaum jemand kümmert die Wut, die sich bei engagierten Menschen aufstaut, die es satthaben, als Rassisten beschimpft zu werden, weil sie antidemokratische und menschenverachtende Aspekte des Islamismus aufzeigen.

Diese Doppelbödigkeit moralischer Standards hat insbesondere die Sarrazin-Debatte veranschaulicht. Als Thilo Sarrazins Buch *Deutschland schafft sich ab* im Jahr 2010 erschien, wurde es nicht zuletzt deshalb zum Verkaufsschlager, weil eine kritische Diskussion von Integrationsfragen seitens der Bevölkerung als überfällig empfunden wurde. Auch wenn das Buch aufgrund fragwürdiger Aussagen, insbesondere zur Humangenetik, provozieren mag, so trifft es, wie auch das Buch *Tödliche Toleranz* von Günther Lachmann, doch im Kern ein zentrales gesellschaftliches Problem, nämlich die mangelnde Integration vieler Muslime in Deutschland und einen falsch verstandenen Toleranzgedanken, der unserer Gesellschaft aufgezwungen werden soll.

Trotz des großen Erfolgs von Sarrazins Buch und der darauf folgenden Debatte wurde von der Multikulti-Schickeria eine beispiellose Hexenjagd auf Thilo Sarrazin eröffnet, der auch seine Ehefrau zum Opfer fiel. Sarrazin verlor nicht nur seinen Posten bei der Deutschen Bundesbank, der verdiente Sozialdemokrat wurde zur rechtsradikalen Unperson erklärt und verteufelt. Dies zeigt uns, wie es um die Meinungsfreiheit in Deutschland bestellt ist, wenn man es wagt, unangenehme Aspekte des Islamismus öffentlich anzusprechen, sei dies auch noch so berechtigt und zukunftsentscheidend.

Interessant, aber auch fragwürdig ist es, dass oft gerade diejenigen, die das Banner der Meinungsfreiheit, der offenen, toleranten Gesellschaft und der Gendergerechtigkeit vor sich hertragen, jede Kritik am Islam und seinen unterschiedlichen Ausprägungen verbieten und Kritiker mit der höchst unangebrachten »Rassismus-Keule« diffamieren, ja sogar gesellschaftlich kaltstellen wollen. Denn alles, wofür sie sonst einstehen, wird vom Islam auf das schärfste bekämpft: freie Entfaltung der Persönlichkeit, Meinungsfreiheit, Gendergerechtigkeit und vieles mehr. Multikulturalisten sehen die Meinungsfreiheit offensichtlich sehr einseitig und verkennen dabei, dass es sich um ein Grundrecht handelt, das auch für Meinungen gilt, die ihnen nicht gefallen oder zunächst nicht einsichtig erscheinen.

Alles deutet auf einen sich in den kommenden Jahrzehnten verschärfenden Zivilisationskonflikt hin. Wer die Integration des Islam als Religion im Westen erreichen will, darf sich nicht in erster Linie auf sein Wunschdenken verlassen. Auch auf die Aussagen ideologisch einseitig positionierter Islamwissenschaftler sollte er nicht allzu viel geben, da sie vieles durch ihre westliche Brille interpretieren und konstruieren. Sie reden oft an der gelebten Realität vorbei, weil sie angesichts unangenehmer Wahrheiten klar Stellung beziehen müssten und damit ihre Anerkennung in der Wissenschaft und den Medien riskieren würden. Wer durch Steuergelder finanziert forscht, sollte aber auch der sie leistenden Gesellschaft nutzen.

Tröstlich, aber gefährlich zugleich ist, dass ihre Meinung für die Muslime und den zukünftigen Trend islamischer Lehrauffassung nicht entscheidend sein wird. Viel wichtiger wäre hingegen das Beleuchten islamistischer Dogmen und Lehren international einflussreicher Religionshüter etwa aus Ägypten und Saudi-Arabien, die das Denken und die Lebensweise der Islamisten weltweit massiv beeinflussen. Wenn dieser Aspekt weiterhin ignoriert und missachtet wird, kann dies zu einer unerwarteten, unerwünschten und ab einem gewissen Punkt nicht mehr steuerbaren Entwicklung unserer Gesellschaft führen.

Einführung von Islamunterricht und islamischen Feiertagen, Zensur der Meinungsfreiheit – mit solchen Zugeständnissen wird die Marschroute der Integration erschreckend falsch gesetzt: Dem Miteinander in Deutschland nutzt dies alles nichts. Mit solchen Kompromissen hofft die Politik, sich von der Gewalt des Islamismus und Salafismus freikaufen zu können und die Probleme von heute in die Zukunft zu verschieben. »Appeasement« nannte das einst Winston Churchill, als er sagte: »Ein Appeaser ist jemand, der ein Krokodil füttert in der Hoffnung, dass es ihn als Letzten frisst!«

Politik und Öffentlichkeit meiden die Konfrontation mit den heute schon offensichtlichen, aber noch kontrollierbaren Problemen und wählen damit den bequemen Weg des – kurzfristig gesehen – geringsten Widerstands. Manche bezeichnen dies fälschlicherweise als Toleranz. In Wirklichkeit aber gibt ihnen diese Art von Toleranz nur die Lizenz zum Wegsehen, zum Ignorieren aller Opfer des Islamismus. So werden Multikulturalisten zu Integrationsverhinderern und zu moralischen Rassisten, während sie sich selbst als weltoffen und politisch korrekt sehen. In Wahrheit sind aber gerade sie die Inkorrekten!

Sie glauben, die Integration mit der Staatsbürgerschaft regeln zu können. Das Problem ist aber nicht primär, ob jemand dem Pass nach Deutscher wird oder die hiesige Sprache spricht. Die entscheidende Frage ist, ob die gesellschaftspolitischen Vorstellungen eines Immigranten mit demokratischen Grundsätzen vereinbar sind. Dies ist beim Islam jedoch höchst zweifelhaft, denn er akzeptiert Andersdenkende, Andersglaubende, Anderslebende und Frauen nicht als gleichgestellte Menschen. Dieser Leitgedanke der Ungleichheit ist tief im Islam verwurzelt und fest in der Schariagesetzgebung verankert. Die Integration scheitert also an der fehlenden Demokratietauglichkeit des Islam in seiner Gesamtheit und an der Scharia – einer unheilvollen und diskriminierenden Vermengung von Religion, Politik und Recht.

Hinzu kommt das unter Muslimen gängige Narrativ von der Unreinheit der »Ungläubigen«, die ihre religiöse Absonderung, ja Selbstsegregation begründet. Diese mündet in den urbanen Alltagswelten wiederum in der Entstehung von No-go-Areas, die der Errichtung von Scharia-Herrschaftsgebieten den Weg bahnen.

II.
Die Gesetze der Clans

Der überwiegende Teil der Gastarbeiter, die nach Deutschland kamen, waren ungebildet. Nun sollte man meinen, dass eine Bildungsgesellschaft in der Lage ist, auch ihren neuen Mitgliedern Bildung zugänglich zu machen. Gelungen ist dies leider nicht. Und schuld daran sind beide Seiten: die Mehrheitsgesellschaft und die Immigranten. Die einen gaben sich nicht genug Mühe, die anderen verweigerten sich den Bildungsangeboten. So kam es, dass es auch heute noch vielen Einwandererfamilien bei der Bildung am Nötigsten mangelt.

Erst im Dezember 2014 hielt die Türkische Gemeinde der Bundesregierung vor, dass junge Migranten die Schule öfter ohne Abschluss verlassen würden und seltener eine Berufsausbildung absolvierten als Jugendliche aus deutschen Familien. Dass es gerade bei den Deutschtürken, der größten Migrantengruppe Deutschlands, so viele gescheiterte Bildungskarrieren gebe, sei »kein ethnisches, sondern ein soziales Problem«, die Bildungspolitik der vergangenen Jahrzehnte habe an dieser Stelle versagt, sagte der Vorsitzende der Türkischen Gemeinde, Safter Çinar. In arabischen Familien sieht es nicht besser aus.

Als direkte Folge der fehlenden Bildung ist die Arbeitslosigkeit und damit auch das Konfliktpotenzial in den meisten Vierteln hoch. Arbeitslose Männer sitzen fünfzehn oder gar zwanzig Stunden in der Woche in türkisch geprägten und von Migranten betriebenen Kaffeehäusern. »Bevor ich zu Hause auf meine Frau und auf meine Kinder losgehe, sitze ich lieber hier und spiele Karten, hab meine Freunde hier und gehe nach Hause schlafen«, zitierte der *Deutschlandfunk* im August 2006 einen Türken aus dem Duisburger Stadtteil Hochfeld. Während sich die einen religiösen Fanatikern anschließen, organisieren die anderen in ihren Vierteln jede Form von Kriminalität: »Drogenkonsum und illegale Karten- und Würfelspiele um große Geldbeträge gehören zur Freizeitbeschäftigung in einem Teil der Cafés. Manche der Zocker verspielen dort ihr legales Einkommen. Viele beschaffen sich Geld durch Drogenhandel und Hehlerei oder leihen es sich beim bereitstehenden Zinswucherer, dem ›Tefeci‹. Am Ende verkauft nicht selten die Ehefrau den Schmuck, um die Schulden abzuzahlen«, berichtete Alexander Morhart in dem erwähnten Bericht des *Deutschlandfunks*.

Wieder andere bereichern sich an Rumänen und Bulgaren, die sich unangemeldet in Deutschland aufhalten. Im Juli 2011 berichtete die *Rheinische Post* von rund 4000 Südosteuropäern, die im Untergrund der Migrantenquartiere lebten. Ihre Vermieter seien »auffallend oft türkische Immobilienbesitzer«. Und weiter: »Was mit diesen Leuten passiert, das erinnert stark an den früheren Umgang mancher Deutscher mit türkischen Gastarbeitern. Sie lassen die Rumänen und Bulgaren mit 15 Menschen in einem kleinen Raum schlafen und nehmen dafür auch noch Miete.«

Was immer diese Menschen unter einem gottesfürchtigen Leben verstehen mögen, hohe moralische Maßstäbe setzen sie bei sich selbst jedenfalls wohl nicht an. Mit der Moral haben sie es erst dann, wenn es darum geht, sich selbst mit Hilfe des Korans gegen die Mehrheitsgesellschaft in Stellung zu bringen. Dann stehen im Zweifel wieder hier die Muslime, sprich die Gläubigen, und dort die Ungläubigen, obwohl es im Grunde nur darum geht, den Clan gegen den Rest der Welt zu verteidigen.

Beispiele aus deutschen Großstädten zeigen, wie dicht zuweilen das Netz krimineller Strukturen ist, das Migrantenfamilien in der deutschen Gesellschaft ausbreiten. In Bremen etwa kennt jeder die Familie Miri: Viele Familienangehörige der Miri sind kriminell, nicht integrierbar, und fast alle beziehen Sozialhilfe. Aber so ganz genau wollte das eigentlich nie jemand wissen. Schon gar nicht die Politik. Die *Bild*-Zeitung berichtete im November 2010 unter Berufung auf einen »Insider«: »Von den 2600 Bremer Miris wurde oder wird gegen 1200 Mitglieder ermittelt, 66 Männer gelten als Intensivtäter.« Und weiter: »Wir gehen davon aus, dass mindestens diese 1200 neben den kriminellen Geschäften auch Transferleistungen vom Staat kassieren.« Insgesamt 6,9 Millionen Euro kassiert der Clan an Sozialhilfe. »Nicht mitgerechnet sind Wohngeld, Heizungszuschuss, Bekleidungszuschuss, Kosten für Anwälte, Dolmetscher, dazu regelmäßige Knastaufenthalte.« Mit Drogenhandel mache der Clan einen Jahresumsatz von 50 Millionen Euro.

Die Miris gehören der arabischsprachigen Volksgruppe der Mhallami (gesprochen »Machallami«) an. Sie stammen ursprünglich aus den südostanatolischen Provinzen Batman und Mardin. Große Teile der Mhallami wanderten im vergangenen Jahrhundert in den Libanon aus, wo sie teils eingebürgert wurden, teils staatenlos blieben. In Berlin leben nach Angaben der

Polizei zwölf kurdisch-libanesische Großfamilien mit jeweils mehreren hundert Mitgliedern und Ablegern in ganz Europa und dem Nahen Osten. Auch sie beherrschen weite Teile der organisierten Kriminalität, die bei ihnen auf der Basis archaischer Stammesstrukturen funktioniert. Nach Deutschland kamen die Mhallamis in Folge des libanesischen Bürgerkrieges Ende der siebziger Jahre. Die zweite Welle kam in der Wendezeit um 1990. Die dreißig Bremer Familien kommen heute gemeinsam auf etwa 3000 Familienmitglieder. In Berlin lebt mit über 8000 Mitgliedern die größte Mhallami-Gemeinde. Als sie kamen, warfen manche ihre Pässe weg, um ihre Herkunft zu verschleiern. Und weil die deutschen Behörden ihre wahre Herkunft nicht nachweisen können, dürfen sie bis heute nicht abgeschoben werden, obwohl sie die Stadt kriminalisieren:

»Sie haben schwere Straftaten begangen und sollen nach mehrjähriger Haft in ihre Heimatländer Libanon oder Türkei zurückgebracht werden. Doch Beirut und Ankara stellen sich stur – deshalb bleiben zum Ärger der Sicherheitsbehörden insgesamt 94 kriminelle Libanesen, Palästinenser sowie libanesische Kurden, die auch die türkische Staatsangehörigkeit haben, in Berlin. Das geht aus einer deutschlandweiten Liste der Ausländerbehörden hervor, die sich beim Bundesinnenministerium und dem Auswärtigen Amt beklagt haben«, schrieb der *Berliner Tagesspiegel* im Mai 2011.

Nach einem Blick auf das Strafregister der Mhallamis wird klar, warum ihre Heimatländer sie nicht zurückhaben wollen. Hier einige Beispiele: »Neun Jahre Haft bekam ein im südlibanesischen Nabatieh geborener Mann wegen versuchten Totschlags, ein anderer, ebenfalls aus Nabatieh stammend, verbüßte sechseinhalb Jahre wegen sexuellen Missbrauchs von Kindern in 31 Fällen. Ein in Beirut geborener junger Libanese fiel als notorischer Heroin-Dealer auf und musste eine Jugendstrafe von zwei Jahren und acht Monaten absitzen. Bei einem vierten Mann häuften sich schwerer Raub, gefährliche Körperverletzung und weitere Delikte, für die er dann zu mehreren Jugendstrafen verurteilt wurde«, so ein Bericht des *Tagesspiegels*. Doch die Behörden konnten keinen dieser Täter in den Libanon abschieben. Der Libanon weigerte sich schlicht und einfach, Passersatzpapiere auszustellen.

»Sie verachten alles, was nicht zu ihrem Kulturkreis gehört – allen voran Deutsche, aber auch Türken«, schrieb die *Süddeutsche Zeitung* im Januar 2009. Vor allem die Jungen seien sich selbst überlassen. Sie schwänzen die Schule, begehen Raubüberfälle auf Spielhallen, Drogerien und Sexshops. Hilfe ist unerwünscht.

»Die Eltern lehnen die Rechtsordnung ab, und das überträgt sich auf die Kinder«, zitierte die *Süddeutsche* die engagierte Berliner Jugendrichterin Kirsten Heisig, die wie kaum jemand sonst für ein hartes Vorgehen gegen jugendliche Wiederholungstäter eintrat, um die üblichen Kriminalitätskarrieren zu verhindern und der kurdisch-libanesischen organisierten Kriminalität den Nachwuchs zu entziehen. Allein in Berlin hatten 2009 etwa 80 Prozent der 550 polizeibekannten Intensivtäter einen muslimischen Migrationshintergrund.

Vielleicht war Kirsten Heisig zu couragiert, vielleicht hatte sie zu viele Feinde, denn am 3. Juli 2010 wurde ihre Leiche im Tegeler Forst bei Berlin-Heiligensee unter fragwürdigen Umständen an einem Baum hängend aufgefunden. Bereits zwei Stunden nach dem Leichenfund sprach die Berliner Justiz von Selbstmord. Darauf verhängte sie eine strikte Nachrichtensperre, die von den gesamten deutschen Medien klaglos akzeptiert wurde. Nur die *Neue Zürcher Zeitung* wollte dies nicht hinnehmen und schrieb am 15. September 2010, dass die bisher veröffentlichten »Umstände so fragwürdig sind, dass sich der Verdacht eines vertuschten Mordes nicht aus der Öffentlichkeit entfernen lässt«. Einen Abschiedsbrief gab es nicht – schwer vorstellbar bei einer Frau, die nicht nur Richterin, sondern auch Mutter war. Der bekannte Bürgermeister des Stadtteils Neukölln, Heinz Buschkowsky, reagierte fassungslos: »Die Frau war Lebenslust pur. So jemand bringt sich doch nicht um! Schon gar nicht während der Fußball-WM.« Letzteres sagte er, weil Heisig von Kindesbeinen an ein großer Fußballfan war, die sogar ihre Auslandsreisen so organisierte, dass sie die ihr wichtigen Spiele im Fernsehen sehen konnte.

Heisig war eine Kämpferin gegen die explodierende Jugendkriminalität. Sie entwickelte das sogenannte Neuköllner Modell, setzte vor allem auf vereinfachte Jugendstrafverfahren, in denen sich junge Täter bei kleineren Delikten möglichst schnell nach der Tat vor Gericht verantworten müssen. Es sind Delikte, für deren Ahndung maximal ein Arrest von vier Wochen in Betracht kommt. Die Gerichtsverhandlung soll spätestens innerhalb von drei bis fünf Wochen nach der Tat stattfinden. Die Schnelligkeit des Verfahrens soll in erster Linie eine erzieherische Wirkung haben. Außerdem werden Täter-Opfer-Gespräche oder gemeinnützige Arbeit angeordnet.

In Berlin wird dieses Verfahren jedoch immer seltener angewandt. Dafür setzt Bayern Heisigs Ideen inzwischen tatkräftig um. Nach einer Probephase in Bamberg wurde das beschleunigte Jugendstrafverfahren ab dem 1. April 2011 auch auf die Staatsanwaltschaften Ansbach, Ingolstadt, München II und Würzburg ausgeweitet. »Das beeindruckt die jungen Täter, die es gewohnt sind, dass alles immer unheimlich lange dauert«, sagte Heisig wenige Wochen vor ihrem Tod der Autorin Necla

Kelek. »Auch die in der Verhandlung festgelegte Maßnahme – ein Anti-Gewalt-Seminar oder ein Arrest bis zu vier Wochen – wirkt besser, wenn der junge Mensch noch einen inneren Bezug zu seiner Tat hat.« Heisigs Verständnis vom Beruf der Jugendrichterin reichte weit über den Gerichtsaal hinaus. »Sie können sich nicht vorstellen, wie erstaunt die jungen Männer sind, wenn ihre Richterin sich bei ihrem Lehrer erkundigt, ob alles in Ordnung ist. Das mache ich dann, wenn ich die Jugendlichen per Urteil angewiesen habe, regelmäßig die Schule zu besuchen. Sie sollen lernen, dass die Institutionen zusammenwirken. Ich mische mich ein, handele zügig, und das ist im Sinne der Jugendlichen.«

Es sind Fälle wie die des Zwanzigjährigen aus Neukölln, dessen Namen Heisig bewusst nicht nennt. Seine kriminelle Karriere begann damit, dass er im Alter von 15 Jahren zusammen mit einem Kumpel ein zwölfjähriges deutsches Mädchen brutal vergewaltigte. Dafür wurde er zu zwanzig Monaten auf Bewährung verurteilt. Außerdem ermahnte ihn der Richter, er möge sich bessern. Getan hat er es freilich nicht, sondern stand wiederholt vor Gericht. Aber es blieb immer bei Bewährungsstrafen. Mit zwanzig war er schließlich wegen Zuhälterei angeklagt. »Er hatte für türkische Zuhälter kleine Jungen angelockt, ihnen Geschenke gemacht und Geld versprochen und sie zu Päderasten gebracht. ›Ich schäm mich, echt‹, das ist das Einzige, was der Angeklagte dazu zu sagen hat«, berichtete Heisig in dem Gespräch mit Kelek.

Wovor sollen sich diese Jungs auch fürchten? Schließlich sind sie es, die Furcht verbreiten. Ihre Lehrer gehen ihnen ebenso aus dem Weg wie die Mitarbeiter der Behörden. Und vor Gericht werden jugendliche Straftäter meist zu Bewährungsstrafen verurteilt. Warum also sollten sie ihr Verhalten ändern? Erzieherische Wirkung haben auf sie offenbar allein die mit physischer Gewalt durchgesetzten Machtstrukturen innerhalb der Clans. Das heißt, die Kinder werden zur Kriminalität, zum Rechtsbruch erzogen.

Junge libanesische Männer und Frauen zwischen 18 und 21 werden mehr als fünfmal so oft kriminell als deutsche Heranwachsende, so die Polizeistatistik. Vor der deutschen Justiz haben sie nicht den geringsten Respekt. Sozialarbeiter berichten vor Gericht davon, dass sie bei Besuchen in Familien bedroht und bespuckt würden. Gerichtsverfahren und Gefängnisstrafen wirken auf sie nicht abschreckend. Im Gegenteil. Sie nutzen jede Gerichtsverhandlung, um zu zeigen, wie sehr sie den deutschen Rechtsstaat verachten. Meist kommt ein Teil des Clans in den Gerichtssaal. Von den Zuschauerplätzen aus pöbeln sie nicht nur gegen Vertreter des Rechts, sondern auch gegen die Kläger, die zumeist Opfer von schweren Gewaltdelikten wurden. Eine Haftstrafe gilt ihnen als Auszeichnung, denn diese ist in ihrem Milieu der unumstößliche Beleg dafür, dass die Jugendlichen die deutsche Gesellschaft ablehnen. Nur wer bereits in jungen Jahren ein langes Strafregister hat, wird später schnell in der kriminellen Hierarchie des Clans aufsteigen.

Dort gibt es zwar auch immer wieder Streit um Macht und Einfluss. Aber: »Im Clan erstattet keiner Anzeige gegen den anderen«, zitiert die *Süddeutsche Zeitung* einen Mitarbeiter des Bezirksamts Neukölln. »Was zwischen denen läuft, das kriegen wir doch überhaupt nicht mit.« Aus Furcht vor dem Clan wollte der Mann gegenüber den Journalisten anonym bleiben, ebenso wie der Rechtsanwalt, der seit Jahren Clan-Mitglieder in ganz Deutschland verteidigt, sich aber dennoch immer wieder entsetzt zeigt über deren patriarchalische Strukturen und ihre Gewalttätigkeit.

Wie bei der Mafia, findet sich in muslimischen Clans eine Pseudoreligiosität, die sich in Scharia-Gerichten institutionalisiert. In ihr wird deutlich, dass der Islam nach den Lehren Mohammeds vor allem ein totalitäres und theokratisches soziopolitisches System ist. Es reguliert das Leben der islamischen Gemeinschaft und der Gläubigen bis ins Detail, vom Öffentlich-Politischen bis hin zum Privaten. Nicht etwa das Grundgesetz oder der Rechtsstaat sind das Maß aller Dinge, sondern der Koran. So hat sich auch in Deutschland neben der Justiz ein eigenes religiöses Rechtssystem entwickelt, das bei Streitigkeiten innerhalb der Clans zum Einsatz kommt. Anstelle von rechtsstaatlichen Gerichten sprechen sogenannte Friedensrichter »Recht«.

Einer von ihnen ist Hassan Allouche. Der 61-Jährige lebt in Berlin-Neukölln und hat sein »Amt« bereits vor vielen Jahrzehnten von seinem Vater im Libanon geerbt, der es wiederum von seinem Vater übernommen hatte. Fast jeder Araber in Berlin kennt seine Telefonnummer. Der Mann ist so sehr von seinem Tun überzeugt, dass er bei Auftritten vor Gericht erklärt, die deutsche Justiz sei im Grunde in Familienangelegenheiten gar nicht zuständig. »Wenn zwei Araber sich streiten, holt meistens jeder seine Familie zur Unterstützung für eine Schlägerei«, sagte Allouche im September 2014 der *Welt am Sonntag*. Wenn er angerufen werde, setze er sich sofort ins Auto, um zu schlichten. »Ich habe schon viele Massaker verhindert«, behauptet er. Seit 14 Jahren ist Allouche deutscher Staatsbürger. »Ich tue alles für Deutschland und für Allah«, sagt er. Geld nimmt er für seine Arbeit nicht, aber gegen Geschenke hat er nichts einzuwenden.

Der frühere *ARD*-Journalist Joachim Wagner hat in seinem Buch *Richter ohne Gesetz* das Wirken von sogenannten Friedensrichtern aufgearbeitet. Am Beispiel Allouches schildert er unter anderem den Fall von Fuat S.: Das Mitglied einer großen arabischen Familie ist spielsüchtig und leiht sich ständig Geld. Schließlich hat er bei dem 16-fach vorbestraften Mustafa O. rund 150 000 Euro Schulden. Mustafa O., der gerade auf Bewährung ist, gehört zu einem arabischen Clan, der sich die familiären Hartz-IV-Bezüge regelmäßig mit Schutzgelderpressung, Zuhälterei und Drogenhandel aufstocken soll. Weil Fuat S. seine Schulden nicht zurückzahlen kann, schlagen Mustafa O. und seine Brüder ihn zusammen. Fuat S. kommt mit zertrümmerten Händen und Knien ins Krankenhaus. Dort sagt Fuat S. vor der Polizei aus und belastet dabei im Wesentlichen Mustafa O. Doch dann bringen die Clans ihr Scharia-Recht ins Spiel. »In derselben Nacht wurde ein Friedensrichter namens Allouche hier in Berlin eingeschaltet, und der hat dann mit beiden Familien in mehreren Treffen verhandelt, und dann ist man zu dem Ergebnis gekommen, dass man zwischen beiden Familien Frieden schließen muss«, so Wagner. Vor Gericht zeigte sich dann, dass das Scharia-Recht die deutsche Rechtsprechung vollständig aushebelte. Es sabotierte quasi die Arbeit von Polizei und Justiz. Denn vor dem Richter machte Fuat S. nun von seinem Recht zur Aussageverweigerung Gebrauch. Begründung: Er habe an dem Abend möglicherweise das Falsche gesagt.

Im März 2013 gewährte Allouche der *Bild*-Zeitung Einblick in sein Tun: »Auf einer Hochzeit sind zwei arabische Großfamilien plötzlich aufeinander losgegangen, Gäste wurden niedergestochen. Ich wurde angerufen, bin sofort hin, habe mit allen gesprochen und die Wogen geglättet.« Wenige Tage später versammelte Allouche die Clanführer in seinem Büro. Es gab eine Aussprache, die Täter wurden zu einer Geldstrafe

»verurteilt« und unterschrieben einen »Friedensvertrag«. »Araber, Türken, aber auch Kroaten oder Italiener vertrauen mir oft mehr als der Polizei«, sagt Allouche, der selbst Mitglied eines mächtigen Libanesen-Clans ist und fast immer eine kugelsichere Weste trägt. Angeblich spricht er im Jahr rund 200 Urteile. Meistens geht es um Familienstreitigkeiten, Rache und Körperverletzungen. Aber manchmal eben auch um Mord.

»Friedensrichter brauchen keine Gerichtsgebäude. Sie sind Richter ohne Gesetz in der Tradition der Scharia. Sie suchen Gerechtigkeit in arabischen Kulturvereinen und in Moscheen, in Kaffee- und Teestuben, Restaurants und Discos, in erster Linie aber in den Wohnungen von Tätern und Opfern. Sie werden hinzugezogen bei Ehe- und Familienstreitigkeiten, aber vor allem im Hintergrund von Strafverfahren«, schreibt Wagner. In der Regel seien die Streitschlichter Familienälteste oder Clanchefs. Ihr Einfluss hänge von Alter, Rang, Wohlstand und der Macht ihrer Familie oder Sippe ab. Auch der Essener Abdul Ali Khan sei laut Wagner neben Allouche ein Gralshüter dieser Tradition. Zuweilen werden aber auch Friedensrichter aus den Heimatländern eingeflogen. »Wo sich große Gruppen muslimischer Einwanderer in Deutschland niedergelassen haben, gehören Streitschlichter weiter zu ihrer Kultur«, so Wagner. »Das gilt für alle Ethnien mit einer solchen Tradition: Araber, Türken, Kurden, Aleviten und Jesiden. Friedensstifter agieren in allen Städten, Regionen oder sogar kleinen Ortschaften mit einem großen Bevölkerungsanteil dieser Ethnien, in Hamburg etwa, München, Frankfurt, Stuttgart oder Teilen Niedersachsens. Solche Regulierer arbeiten teils offen, teils im Verborgenen krimineller Strukturen.« Der Islamwissenschaftler Ralph Ghadban sieht in der organisierten Kriminalität sogar die Quelle der Macht dieser Streitschlichter. Sie seien Handlanger der Chefs oder selbst Bosse und bauten durch Schlichtung ihre Macht aus.

Der Münchner Imam und Friedensrichter Scheich Abu Adam sagt, er empfinde es als religiöse Pflicht, Streit zwischen Gläubigen zu schlichten. Er lade die Parteien zu sich in die Moschee, höre beide Seiten und lasse sie schließlich einen Friedensvertrag unterzeichnen. Er suche nicht nach Recht oder Unrecht. Beweise spielen in seinem Verfahren keine Rolle. Ihm gehe es allein darum, einen Kompromiss zu finden. In neun von zehn Fällen respektierten die Betroffenen seine Entscheidung. »Mein Urteil ist gerechter als das des Staates«, zitierte ihn *Spiegel Online* im August 2011. Abu Adam lebt mit drei Frauen gleichzeitig. Er hält nicht viel von der Trennung von Staat und Religion und lehnt moderate Strömungen des Islam ab. »Ich sage meinen Leuten: Geht nicht zur Polizei. Wir regeln Konflikte unter uns.«

Viele Juristen beklagen, dass die muslimische Paralleljustiz nur selten zu erkennen ist. Bundesanwalt Björn Hauschild schätzt, dass bei 90 Prozent aller Strafverfahren mit Tätern und Opfern aus dem muslimischen Kulturkreis eine Schlichtung nicht bekannt werde. Nach wie vor ist die Strafjustiz machtlos gegenüber dieser Schattenjustiz. Wie sehr, das macht ein von Wagner zitierter Polizeivermerk deutlich: »Es ist trotz zweimonatiger Ermittlungen unter Vernehmung von über 20 Zeugen bisher nicht zweifelsfrei geklärt, wer tatsächlich die Schüsse aus den Pistolen abgegeben hat.« Sicherheitsbehörden sprechen von einem undurchdringlichen Dickicht, mit dem Kriminalbeamte bei Ermittlungen in arabischen, türkischen oder kurdischen Großfamilien konfrontiert werden.

Dennoch können sich manche deutsche Politiker vorstellen, solche Scharia-Gerichte in Deutschland einzuführen. Im Februar 2012 wagte sich der rheinland-pfälzische Justizminister

Jochen Hartloff mit diesem Vorschlag sogar an die Öffentlichkeit: Er halte Scharia-Richter in Deutschland grundsätzlich für zulässig, sagte er der *Berliner Zeitung*. Hartloff wörtlich: »Auch die Sportgerichtsbarkeit oder die Kirchen haben eine eigene Rechtsprechung, die dem inneren Frieden dient«, so der Sozialdemokrat. »Wenn diese Gerichte allerdings den Anspruch haben, den Rechtsstaat und dessen Institutionen zu ersetzen, und die allgemeine Rechtsprechung keine Rolle mehr spielt, dann ist das eine kritische Entwicklung.« Er machte dann aber immerhin die Einschränkung, dass »Steinigen menschenrechtswidrig« sei.

Streit schlichten auch die Mitarbeiter des Vereins Deutsch-Arabische Unabhängige Gemeinde in der Neuköllner Boddinstraße. Auf seiner Internetseite bezeichnet sich der 2006 gegründete Verein als »demokratische Organisation«: »Ziel der Arbeit des Vereins ist die Förderung der Verständigung zwischen den in Neukölln wohnenden arabischen Migranten und den Bürgern anderer Nationalitäten. Der Verein ist überparteilich und offen für die Religionen und Kulturen der Welt mit ihren verschiedenen Werten und Normen.« Im Gegensatz zu Allouche, der ausschließlich von muslimischen Clans angesprochen wird, wenden sich auch Schulen und Behörden an die Deutsch-Arabische Unabhängige Gemeinde. Meist geht es um Schwierigkeiten mit Jugendlichen. Ein Mitarbeiter des Vereins geht dann in die betroffenen Familien und versucht zu vermitteln. Das aber gelingt längst nicht immer. Oft wenden sich aber auch rechtschaffene Väter an den Verein, wenn ihre Söhne lieber Drogen verkaufen, als zur Schule zu gehen, oder durch Gewalttätigkeit auffallen. Sprich, hierher kommen diejenigen, die die Hoffnung auf eine Integration ihrer Kinder in die deutsche Gesellschaft noch nicht völlig aufgegeben haben.

»Warum soll ich zur Schule gehen?«, fragt einer dieser Jungen in den Räumen des Vereins. Sein Vater sitzt schweigend neben ihm. »Warum soll ich einen Beruf erlernen, mit dem ich vielleicht 2000 Euro oder so verdiene? Eh, mein Bruder hat keine Schule gemacht und so. Der fährt jetzt mit einer Mercedes-S-Klasse rum. Warum soll ich arbeiten? Ich bin doch nicht blöd, eh.« Für diese Jungs gelten andere Werte als die der Demokratie und des Rechtsstaats. Ihr zentraler Wert ist die Ehre. Immerzu geht es darum, die eigene Ehre, die Ehre der Familie, vor allem aber die Ehre der weiblichen Geschwister zu verteidigen. Was bei ihnen zählt, sind der eigene Machtanspruch und die Fähigkeit, diesen umzusetzen. Das lernen sie schon früh auf der Straße und im Familienkreis, wo sie sich als Herrscher über die Tugend und damit über das gesamte Leben ihrer Schwestern aufspielen. Und sie lernen, dass man die angestrebte Macht vor allem mit Gewalt erkämpft. Die Androhung von Gewalt ist allgegenwärtig. So haben viele schon mit 16 Jahren ein langes Vorstrafenregister. »Wenn mich einer blöd anguckt, dann haue ich ihm eine rein«, sagt der Spross eines berüchtigten Clans, der seinen Brüdern nacheifern will, die mit Drogenhandel und Prostitution ihr Geld verdienen.

»Nur Ignoranten verschließen die Augen davor, dass inzwischen in einigen deutschen Großstädten wie Berlin und Bremen sogenannte Friedensrichter unter Umgehung deutscher Gerichte Strafanzeigen und Verurteilungen vereiteln. Diese Richter von Allahs Gnaden lassen Probleme wie häusliche Gewalt innerfamiliär vor einem Imam lösen. Und bei Ehestreitigkeiten geben sie gemäß der Scharia den Männern Rückendeckung und maßregeln die Frauen. Hier geht es im Namen des Islam um die Aufrechterhaltung patriarchaler Macht in der Ehe und um Machtkämpfe zwischen konkurrierenden arabischen oder türkisch-kurdischen Großfamilien. Die Familien tragen die Rivalitäten verfeindeter Stämme aus ihren Herkunftsländern nach Deutschland«, schrieb die Rechtsanwältin und Autorin Seyran Ateş im Dezember 2012 in der *Zeit*.

Seyran Ateş ist eine bewundernswerte und mutige Frau. Ihre Biographie sagt viel aus über das Leben in Migrantenvierteln. Sie wächst in dem Berliner Arbeiterstadtteil Wedding auf. Die sechsköpfige Familie lebt in einer Einzimmerwohnung. Weil ihr die Strenge ihrer Eltern die Luft zum Atmen nimmt, reißt sie kurz vor ihrem 18. Geburtstag aus. Der Kinder- und Jugendnotdienst nimmt Seyran Ateş auf, Arbeit findet sie in einem Beratungszentrum für muslimische Frauen. Sie ist 21 Jahre alt, als auf sie geschossen wird: Während sie für eine Klientin ein Schreiben vom Arbeitsamt übersetzt, kommt ein Mann herein und eröffnet das Feuer. Die Kugel trifft Seyran Ateş in den Hals. Ihre Klientin stirbt. »Ihr Name war Fatma. Sie wurde vierzig Jahre alt, ich werde bald fünfzig, lebe schon 28 Jahre länger, als ich hätte leben sollen. Eigentlich hätte ich verbluten müssen. Aber der liebe Gott hat mir die Chance gegeben, weiterzuleben«, erzählte Seyran Ateş im März 2013 der *FAZ*-Redakteurin Karen Krüger. Von dem Trauma erholt sie sich nur langsam. Erst sechs Jahre nach dem Angriff sind ihr Körper und ihre Seele wieder in der Lage, einen Neuanfang zu wagen. Sie beendet ihr Jurastudium und eröffnet eine Kanzlei im Berliner Stadtteil Mitte. »Zu mir kommen muslimische Frauen, die sehr viel psychische und physische Gewalt erfahren haben, aber nicht mehr den Mut aufbringen, ihren Mann zu verlassen. Es kommen aber auch Frauen, die gegen ihren Willen verheiratet werden sollen.«

Seyran Ateş hat wie kaum jemand sonst Einblick in den Alltag muslimischer Frauen in Deutschland. Aufgrund der vielen

Schicksale, die ihr bei ihrer Arbeit begegnen, wirbt sie dafür, die Zwangsheirat als Straftatbestand in das Strafgesetzbuch aufzunehmen. Dafür wird sie immer wieder angefeindet: »Diese Anwältin ist irre geworden. Sie stellt die türkischen Männer als Sklavenhalter dar«, schreibt die deutsche Ausgabe der Zeitung *Hürriyet* im Jahr 2005 und startet damit eine folgenschwere Kampagne gegen die Anwältin. Erste Morddrohungen landen in dem E-Mail-Postfach von Seyran Ateş. Schließlich werden sie und ihre Mandantin nach einem Scheidungstermin an einer Bahnhaltestelle von deren Ex-Ehemann angehalten. Der Mann schlägt auf seine Ex-Frau ein. Obwohl viele Menschen in der Nähe sind, hilft ihnen niemand. Für Seyran Ateş ein schicksalhaftes Erlebnis, an dem ihre Seele ein weiteres Mal zu zerbrechen droht. Sie zieht sich zurück und berät die Frauen, die bei ihr Rat suchen, nur noch telefonisch oder per E-Mail. Hauptsächlich schreibt sie an ihrem Buch *Der Islam braucht eine sexuelle Revolution.*

Als das Buch erscheint, erhält sie erneut Morddrohungen. Doch diesmal sind die Morddrohungen so ernst zu nehmen, dass das Landeskriminalamt Berlin ihr sofort Personenschutz gewährt. Vor allem aus Rücksicht auf ihre Tochter taucht Seyran Ateş völlig aus der Öffentlichkeit ab. »Wenn man ein Kind hat, hat man nicht mehr das Recht auf den eigenen Tod. Nur noch das Recht und auch die Pflicht auf ein eigenes Leben«, sagt sie dazu der *FAZ* – und entscheidet sich doch schon bald anders. Anlass ist eine Hass-Mail in ihrem Postfach, die sie im Zusammenhang mit einem geplanten Besuch des türkischen Ministerpräsidenten Erdoğan in Deutschland erhält. Darin heißt es: »Wenn du nicht den Mund hältst und nicht aufhörst, den Islam und die Türkei schlechtzumachen, schneiden wir dir die Zunge ab!« Inzwischen arbeitet sie wieder als Rechtsanwältin. Sie ist zurückgekehrt an den Ort ihrer Jugend, nach Wedding.

Sie spricht von einer Paralleljustiz »unter dem Deckmantel der Religionsfreiheit«. Und weiter: »Selbsternannte Friedensrichter müssen sich weder vor Richtern noch vorm Verfassungsschutz fürchten, denn der deutsche Staat und die deutschen Gerichte sehen nicht, dass es eine Paralleljustiz, auch Schattenjustiz genannt, überhaupt gibt. Sie kennen die muslimischen Milieus nicht, in denen Allahs Gebote mehr gelten als das Grundgesetz. Weil sie die Kultur der Migranten nicht kennen und deren Sprache nicht sprechen, können sie nur schwer beurteilen, ob eine echte Bedrohung für den Geltungsanspruch unseres Rechtsstaates vorliegt«, schreibt Ateş im Dezember 2012 in der *Zeit*.

In Großbritannien wird übrigens schon seit 1982 ganz offiziell nach der Scharia Recht gesprochen. Diese sogenannten Sharia Councils, denen ein Imam vorsitzt, genießen staatliche Anerkennung. Sie entscheiden Streitigkeiten über finanzielle Belange wie etwa Geschäftsabschlüsse, aber auch zivilrechtliche Fragen wie Scheidungsbegehren und Fälle von häuslicher Gewalt. Nach Angaben des Thinktank Civitas vom Juni 2009 verhandeln insgesamt 85 Scharia-Gerichte in Großbritannien jedes Jahr mehrere hundert Fälle. Und auch beim Islamic Sharia Council steigt die Zahl der zu verhandelnden Fälle stark an. Pro Monat werden dort zwischen 200 und 300 Urteile gesprochen.

»Zwar ist es dem juristischen Laien meist nicht bekannt, aber ungeachtet dessen eine Tatsache, dass in bestimmten Fällen deutsche Gerichte Scharia-Normen zur Anwendung bringen können«, sagte die Islamwissenschaftlerin Christine Schirrmacher im Dezember 2012 in ihrer Antrittsvorlesung an der Uni Bonn. Und weiter: »Dies ist im internationalen Privatrecht der Fall, wenn bei nichtdeutscher Staatsbürgerschaft der Beteiligten Urteile in Übereinstimmung mit dem islamisch geprägten Zivilrecht des Herkunftslandes gefällt werden. Dies betrifft insofern nicht nur einzelne Länder, als in allen arabischen Ländern das Zivilrecht (also das Ehe- und Familien- sowie Erbrecht) auf schariarechtlichen Normen gründet. Es sind also auch hierzulande Urteile gemäß dem (islamisch geprägten) Zivilrecht des Herkunftslandes einer oder beider Streitparteien möglich, sofern diese Urteile nicht dem *ordre public*, also wesentlichen Grundsätzen des inländischen Rechts, und zwingendem deutschen Recht widersprechen.«

Als Beispiel nannte sie den Fall einer 67-jährigen Frau aus München, deren iranischer Ehemann verstorben war. Die beiden waren über dreißig Jahre verheiratet gewesen. Dennoch musste die Frau hinnehmen, dass die Familie ihres Mannes im Iran in Einklang mit iranischem Erbrecht drei Viertel des Erbes erhielt, sie hingegen nur ein Viertel. Und das, obwohl ihr Mann sie zuvor testamentarisch als Alleinerbin eingesetzt hatte.

Auch die *Welt* bestätigte in einem Artikel im Februar 2012: »Wendet sich ein Muslim oder eine Muslimin aber an ein deutsches Gericht, kann durchaus die Scharia zur Anwendung kommen. Denn längst hat islamisches Recht auch an deutschen Gerichten Einzug gehalten.« Wenn es um die private Lebensführung von Einwanderern gehe, gelte das internationale Privatrecht, nach dem etwa bei Scheidungsfällen oder Erbrechtsfällen bei Ägyptern nach ägyptischem Recht, bei Iranern nach iranischem Recht geurteilt werde. »In Gestalt dieser Rechtsordnungen kommt dann auch die Scharia ins Spiel«, sagte der Erlanger Islamwissenschaftler und Jurist Mathias Rohe der Zeitung. So lehnte das Bundessozialgericht in Kassel im Jahr

2000 die Klage einer aus Marokko stammenden Witwe ab, die sich weigerte, die Rente ihres Mannes mit der Zweitfrau zu teilen. Das Gericht entschied mit Verweis auf islamisches Recht zugunsten der Zweitfrau. Beide Frauen hätten Anspruch auf den gleichen Rentenanteil, entschieden die Richter.

Für bundesweites Aufsehen sorgte ein Scheidungsurteil in Frankfurt, bei dem die Richterin sogar den Koran zitierte. Sie lehnte den Antrag einer Frau ab, die noch vor Ablauf des Trennungsjahres von ihrem prügelnden marokkanischen Ehemann geschieden werden wollte. Begründung: »Die Ausübung des Züchtigungsrechts begründet keine unzumutbare Härte gemäß Paragraph 1565 BGB.« In einem Brief an die Anwältin der Ehefrau erläuterte die Richterin ihre Entscheidung mit den Worten: »Für diesen Kulturkreis ist es nicht unüblich, dass der Mann gegenüber der Frau ein Züchtigungsrecht ausübt. Hiermit musste die in Deutschland geborene Antragstellerin rechnen, als sie den in Marokko aufgewachsenen Antragsgegner geheiratet hat«, so die Richterin. Außerdem müsse in diesem Fall auf den Koran verwiesen werden, »wonach die Ehre des Mannes, einfach ausgedrückt, an die Keuschheit der Frau gebunden ist, d. h. im Grunde genommen für einen islamisch erzogenen Mann das Leben einer Frau nach westlichen Kulturregeln bereits einen Tatbestand der Ehrverletzung erfüllt«.

Es ist unfassbar, dass ein solcher Geist bereits in deutschen Gerichten Einzug gehalten hat. Richter sollten allein dem Rechtsstaat verpflichtet sein, und nicht den Vorgaben einer Religion.

Welch gefährliche Symbiose mangelnde Bildung und orthodoxe islamische Religiosität eingehen, wiesen die Wissenschaftler Karin Brettfeld und Peter Wetzels bereits im Jahr 2003 für eine Studie des Bundesinnenministeriums nach.

Demnach ist die Religiosität umso stärker, je niedriger die soziale Stellung der Familie ist: »Die höchste praktische Integration findet sich in der Gruppe der gering Religiösen (…). Die schlechtesten Werte haben die ›fundamental Orientierten‹.« In besonders religiösen Familien weisen sowohl Eltern als auch Jugendliche extreme Bildungsdefizite auf, stellten die Wissenschaftler fest. In diesen Familien wachsen Kinder demnach mit regelmäßiger Gewalterfahrung auf. Schläge von den Eltern seien ein übliches Erziehungsmittel, das die Kinder selbst zu Gewalt erziehe. Für ihre Studie befragten die Forscher Jugendliche nach ihren Gewalteinstellungen. Die Ergebnisse sind erschreckend: Auch sie würden bei der Erziehung ihrer Kinder wieder Gewalt anwenden, sagten die Jugendlichen. Gewalt ist demnach in ihren Augen ein legitimes Mittel, auch um eigene Interessen durchzusetzen. Da ist der Weg in die Kriminalität nicht weit. Und es mag einen am Ende auch nicht wundern, dass ausgerechnet die zu Gewalt bereiten Kriminellen letztlich jene Gruppe sind, in der die Salafisten ihre zukünftigen Kämpfer rekrutieren.

III.
Der Koran – eine Lizenz zum Töten?

Bereits vor über zehn Jahren hat der Bielefelder Konfliktforscher Wilhelm Heitmeyer darauf hingewiesen, dass starke Religiosität und die Bereitschaft zu Gewalt muslimische Jugendliche für radikal-islamisches Gedankengut empfänglich machen. Diese Jugendlichen sind Teil der Gesellschaft, teilen aber oft genug nicht deren Grundwerte wie Freiheit und Toleranz. Obwohl sie oft schon lange in Deutschland leben oder gar hier aufgewachsen sind, ist ihnen die deutsche Sprache weitgehend fremd. Das heißt auch, sie verstehen im Grunde genommen gar nicht, in welchem Land sie leben. Da sie sich zudem oft mental von diesem Land abschotten, sind ihnen die Grundwerte und demokratischen Prinzipien bisher verschlossen geblieben. Darum können sie kaum ein Verständnis für das demokratische Gemeinwesen entwickeln oder die Chancen erkennen, die ihnen eine pluralistische und offene Gesellschaft bietet. Stattdessen wird das Leben vieler Muslime in Deutschland von Traditionen und familiären Stammesritualen ihrer Herkunftsländer bestimmt, die sich dort unter einem Mangel an Bildung und in Verbindung mit einem orthodoxen Islam herausbildeten. Das ist die Kultur, die sie leben. Es ist eine

Kultur, in der der Imam in der Moschee und nicht die Bildungseinrichtungen des deutschen Staates das Weltbild zimmern. Es ist eine Kultur, in der Gewalt als Mittel zur Durchsetzung und Aufrechterhaltung männlich familiärer Sippenautorität noch immer das Gesetz des Alltags ist.

Wer nach Legitimationsgründen für diese Gewalt sucht, wird im Koran viele entsprechende Stellen finden. In unzähligen Suren taucht sie als Gebot auf oder wird zumindest gerechtfertigt. Das Gebot der Gewalt richtet sich gegen zwei Gruppen: Frauen und die Feinde des Islam. »Ist der Koran eine Tötungslizenz?«, fragte Rainer Hermann in der *Frankfurter Allgemeinen Zeitung* nicht ohne Grund, nachdem zwei Muslime im Januar 2015 in das Redaktionsgebäude des Satiremagazins *Charlie Hebdo* in Paris eingedrungen waren, insgesamt zwölf Menschen erschossen hatten und ihr Komplize zunächst eine Polizistin ermordet und dann einen jüdischen Supermarkt im Osten von Paris überfallen und vier weitere Geiseln getötet hatte. Als die Attentäter ihre Bluttat in den Redaktionsräumen von *Charlie Hebdo* verrichteten, riefen sie »Allahu akbar«, was so viel heißt wie »Allah ist groß« oder »Allah ist größer«. Außerdem riefen sie: »Wir haben den Propheten gerächt.« Ihre Bluttat war ein Anschlag auf die Meinungsfreiheit und damit auf das Herz der Demokratie. Denn ohne Meinungsfreiheit kann es keine Demokratie geben. Sie handelten ganz offensichtlich in der Überzeugung, dass ihre scheußliche Tat im Einklang mit den genannten Geboten des Korans stehen würde.

Dieser Auffassung waren wohl auch die Attentäter von Madrid, die am 11. März 2004 insgesamt 191 Menschen töteten und weitere 2051 zum Teil schwer verletzten, als mehrere Sprengsätze in den vollbesetzten Vorortzügen der spanischen Metropole detonierten. Nicht anders rechtfertigten jene Terroristen ihr mörderisches Handeln, die im Juli 2005 Bomben in der Londoner U-Bahn deponierten, deren Explosion 56 Menschen das Leben kostete. All diese Täter beriefen sich auf den Koran, auf die Gebote Allahs.

Zu den vielen Textstellen, die Gewalt rechtfertigen oder sogar anordnen, zählt Sure 9:29: »Kämpft gegen diejenigen, die nicht an Allah und den Jüngsten Tag glauben (...) bis sie kleinlaut aus der Hand Tribut entrichten!« Sure 4:89 sagt: »Sie möchten gern, ihr wäret ungläubig, so wie sie (selber) ungläubig sind, damit ihr (alle) gleich wäret. Nehmt euch daher niemand von ihnen zu Freunden, solange sie nicht (ihrerseits) um Allahs willen auswandern! Und wenn sie sich abwenden (und eurer Aufforderung zum Glauben kein Gehör schenken), dann greift sie und tötet sie, wo (immer) ihr sie findet, und nehmt euch niemand von ihnen zum Beschützer oder Helfer!« Hermann zitierte in seinem Beitrag unter anderem Sure 9:5: »Sind die heiligen Monate abgelaufen, dann tötet die Beigeseller (Götzendiener), wo immer ihr sie findet, ergreift sie, belagert sie und lauert ihnen auf aus jedem Hinterhalt.«

Im Gegensatz zur Bibel sind Gewaltaufrufe im Koran meistens keine historischen Erzählungen. Bei einem Vergleich von Bibel und Koran wird vielmehr deutlich, dass die Gewaltaufrufe des Korans Befehle an alle Gläubigen sind, gestern wie heute. Ihre Gültigkeit ist nicht auf einen bestimmten Zeitraum begrenzt, sondern besteht für alle Zeiten. Prophet Mohammed selbst bestätigte dies: »Eine Gruppe meiner Umma wird fortfahren, um der Wahrheit willen zu kämpfen, und sich bis zum Tag der Auferstehung behaupten«, heißt es in einer Hadith, der Überlieferung der Aussprüche und Handlungen des Propheten. Und im Koran steht in Sure 8:39: »Und kämpft gegen sie (...), bis nur noch Allah verehrt wird!«

Islamgelehrte sind überzeugt, dass sich die islamische Welt auch heute noch mit der Welt der »Ungläubigen« im Krieg befindet. Dieser soll so lange andauern, bis sich alle Völker dem Islam unterworfen haben. Islamische Kampfbefehle sind daher dem unveränderbaren Gebot Allahs gleichgesetzt.

Die sogenannten Schwert-Verse des Korans aus Sure 9 sind im islamischen Recht unter dem Begriff Jihad al-Talab (kämpferischer Jihad) fest verankert. Damit steht der Muslim in einem offensiven Kampf. Dieses Prinzip und Glaubensdogma ist fundamental für die Beziehung des Islam zu Nichtmuslimen. Der Krieg richtet sich gegen alle Nationen und Religionen. Bis heute bilden diese Verse und die daraus abgeleiteten Dogmen die Hauptquelle für die Legitimation der Gewalt gegen Christen, Juden und andere Nichtmuslime.

Weder Juden noch Christen haben derartige religiöse Pflichten. Die biblischen »Kampfbefehle« im Alten Testament galten lediglich in einer ganz speziellen historischen Situation, nämlich der Landnahme in Kanaan. Nie wurden die Israeliten jedoch dazu aufgefordert, Kämpfe außerhalb dieses geographischen Territoriums, ihres gelobten Landes, zu führen.

Islamische Gewalt wurde und wird außerhalb der Arabischen Halbinsel angewendet und hatte immer das Ziel, die Welt zu erobern. Gewalt im Islam wurde eingesetzt, um Mohammeds Religion zu verbreiten. Sowohl Mohammed als auch seine Weggefährten sahen sich zur Vollendung dieser Aufgabe berufen – damals wie heute. In einer Hadith sagte Mohammed: »Ich wurde angewiesen, die Menschen zu bekämpfen, bis sie bezeugen, dass es keinen Gott außer Allah gibt und Mohammed der Gesandte Allahs ist.« Die Gewaltaufrufe Allahs und seines Propheten haben die islamische Expansion ausgelöst, die das Elend verbreitete und das Angesicht der Welt für immer veränderte.

Das unterscheidet sie von der vielzitierten »alttestamentarischen Gewalt«, die, wie gesagt, immer auf einen bestimmten historischen Kontext bezogen blieb. Geschichte und Theologie dürfen an diesem Punkt also nicht verwechselt werden. Die Israeliten kannten nie einen generellen Befehl Gottes, die Menschen zum Judentum zu bekehren, weder durch Gewalt noch durch Mission. Das Christentum dagegen wurde zwar mit einem generellen Missionsauftrag begründet, gleichzeitig aber auf strikte Gewaltlosigkeit verpflichtet; von keinem einzigen der Jünger Jesu ist bekannt, dass er die Taufe Andersgläubiger erzwang, im Gegenteil: Sie alle wurden Opfer von Gewalt, erlitten fast ausnahmslos das Martyrium.

So war das Christentum in seinen ersten drei Jahrhunderten eine Religion der Gewaltlosigkeit. Da sich Jesus selbst ohne Widerstand verhaften und hinrichten ließ und da Christen Töten selbst zur Verteidigung als Sünde erachteten, wehrten sie sich nicht einmal, als die römischen Kaiser Nero, Domitian, Decius, Valerian und Diokletian sie blutig verfolgen ließen. Sie trotzten der Gewalt ihrer Verfolger, indem sie diese still und betend erduldeten. Auch der Soldatenberuf war Christen zunächst verboten. Erst als mit Konstantin dem Großen ein römischer Kaiser zum christlichen Glauben fand, kam es zu Kompromissen mit der Staatsräson. Natürlich musste eine Großmacht sich verteidigen. Schließlich formulierte der Kirchenvater Augustinus (um 420) einen historischen Kompromiss, indem er zwischen geistlichen und weltlichen Angelegenheiten, zwischen der *civitas Dei*, der »Gemeinschaft Gottes«, also der Kirche, und der *civitas terrena*, dem weltlichen Staat, unterschied. Diese Trennung von Staat und Kirche, von weltlicher Gesetzgebung und Religion, ist die Antithese zum Gottesstaat, wie ihn die Scharia fordert. Der weltliche Staat, so Augustinus, dürfe allein »gerechte« Kriege führen, wenn er angegriffen wird oder es darum geht, ein größeres Unrecht zu verhindern. Die Kirche dagegen müsse stets als Friedensstifter wirken.

Ganz anders ist dies im Islam. Durch die islamischen Quellen, Koran und Sunna, wissen wir, dass das Motiv der muslimischen Feldzüge Weltherrschaft und Islamisierung waren. Der Koran und die Lebensgeschichte Mohammeds berichten von Plünderungen bei Ungläubigen und der systematischen Versklavung von Frauen und Kindern. Mohammed und seine Weggefährten lebten davon und finanzierten damit ihre Kriege. Der Althistoriker Egon Flaig weist in seiner *Weltgeschichte der Sklaverei* detailreich nach, wie sich im islamischen Herrschaftsraum von Westafrika bis Indonesien das »größte und langlebigste sklavistische System der Weltgeschichte« etablierte.

Tatsächlich hatte der Religionsstifter Mohammed ein eher schlichtes, dualistisches Weltbild, das nur zwei Arten von Menschen kannte, nämlich Freunde und Feinde. So teilte er die Menschheit in zwei »Häuser« oder Nationen ein, das »Haus des Islam« (*Dar al-Islam*) und das »Haus des Krieges« (*Dar al-Harb*), also die Welt seiner Gegner, die natürlich *»kafir«* sind, »Ungläubige«. Allah bestraft und bekämpft alle Nichtmuslime.

Die Muslime werden hingegen verschont und im Koran als die beste Gemeinschaft unter den Menschen dargestellt (Sure 3:110). Die Gewalt gegen minderwertige Ungläubige ist im Islam ein fundamentaler Bestandteil der Glaubenslehre bis in die heutige Zeit geblieben. Es ist also naiv anzunehmen, dass dieses gewaltorientierte Glaubensfundament ohne weiteres durch den Kontakt mit der aufgeklärten europäischen Kultur entfernt werden könne, ohne dass das gesamte Glaubensgebäude zusammenbricht.

Lässt sich dieses Verständnis eines auserwählten Volkes, das von Gott beschützt wird und das zur Gewalt gegen andere Völker aufgerufen wird, mit biblischen Prinzipien vergleichen? Ganz gewiss nicht.

Der Gott der Bibel vollzog das Gericht über Juden und Nichtjuden gleichermaßen. Nach unzähligen Mahnungen aufgrund schwerwiegender Verfehlungen entzog er dem Volk Israel seinen besonderen Schutz und ließ zu, dass es durch die Ägypter, Aramäer, Assyrer, Babylonier, Griechen und Römer bestraft wurde. Diese vorangegangenen Verfehlungen dürfen keineswegs bagatellisiert werden, denn es handelte sich um grausame und menschenverachtende Anbetungsriten. Die Einwohner Kanaans opferten dem Gott Moloch ihre Kinder bei lebendigem Leibe im Feuer, was die Israeliten nachzuahmen begannen, worauf sie nach eindringlichen Ermahnungen ebenso hart bestraft wurden. Auch andere, vergleichbare Geschichten, in denen Gott hart mit den Menschen umgeht, sind historische Parabeln, keine Kampfaufrufe an uns. Der Gott des Alten Testaments sprach durch sündige Menschen, durch Propheten und Lehrer. Abraham und Moses vorzuwerfen, dass sie sich nicht an die Kultur und Normen des 21. Jahrhunderts gehalten haben, wäre ein geradezu absurder Anachronismus. Wer wissen will, wie der Gott des Christentums ist, muss dagegen auf Jesus von Nazareth schauen. Er ist die vollkommene Selbstoffenbarung Gottes.

Fundamentalistische Muslime und Atheisten zitieren gerne Bibelverse, die sie bewusst oder unbewusst aus dem Zusammenhang reißen. Ihnen geht es in erster Linie nicht um eine sachliche Diskussion, nicht um Argumente für oder gegen die Bibel, sondern um Schlagwörter. Oft wird der Zusammenhang bestimmter Textstellen ignoriert, um alttestamentarische Gewalt mit der islamistischen Gewalt gleichzusetzen und letztere zu relativieren. Doch das ist theologischer Analphabetismus. Die so gerne zitierten »Gewaltverse« aus dem Alten Testament sind auch kein neues Problem für die Kirche. Ebenso wenig sind sie eine Entdeckung von Muslimen oder Atheisten, mit der sich Christen nun endlich befassen müssten. Bereits in den ersten Jahrhunderten des Christentums lehrten christliche Theologen wie Origenes aus Alexandrien (ca. 185–254 n. Chr.), dass das Alte Testament nur vom Neuen Testament her zu interpretieren ist, sprich vom Standpunkt Christi aus. Und dieser hat weder Gewalt gelehrt noch Gewalt ausgeübt. Er war vielmehr Opfer der Gewalt durch andere.

Im Islam hingegen ist die Gewalt ein Instrument, das der Erreichung »religiöser«, in Wahrheit aber zugleich ökonomischer und herrschaftsbezogener Motive dient. Sie finden ihren Ausdruck in einer angestrebten weltweiten Durchsetzung des Islam und der Etablierung islamistisch-theokratischer Herrschaftssysteme. Man könnte sogar so weit gehen wie der Historiker und Politologe Eric Voegelin und den Islam als »politische Religion« bezeichnen.

»Ich bin von Allah herabgekommen mit dem Schwert in meiner Hand, und mein Reichtum wird vom Schatten meines Schwertes kommen«, heißt es in den Hadithen. Und Sure 8:41 des Korans besagt: »Und ihr müsst wissen: Wenn ihr irgendwelche Beute macht, gehört der fünfte Teil davon Allah und dem Gesandten und den Verwandten. …« – also, im Klartext: Mohammed und seinem Clan!

Wie sehr Mohammeds Leben vom Kampf gezeichnet war, ist lange bekannt: »Das Volk war noch streng nach Familien und Stämmen gegliedert und von einem noch ungebändigten

Freiheitsdrange getragen. Durch eine Reihe von Jahrhunderten hat es die Unterjochungsversuche der babylonischen, assyrischen, ägyptischen und persischen Könige abgewiesen. Und selbst das römische Weltreich hat hier nur Teilerfolge erzielen können. So war den Arabern der Kampf ihr Lebenselement geworden«, schrieb der zu Unrecht in Vergessenheit geratene deutsche Ökonom Gustav Ruhland in seiner Entwicklungsgeschichte des arabisch-islamischen Weltreiches. Und weiter: »Fehlte es an einem auswärtigen Feinde ihrer Freiheit, so kämpften sie unter sich um Blutrache, um einen Brunnen, um Weidegründe für ihre Herden oder auch um ganz nichtssagende Dinge, wie um ein paar zertretene Lercheneier oder um den zweifelhaften Ausgang eines Pferderennens, jahrzehntelang die blutigsten Fehden. Bei alldem hatten sich bestimmte Regeln einer gewissen ritterlichen Moral ausgebildet, deren Summe Muruwwa (virtus, Tugend) genannt wird. Die Wahrung der Ehre des Stammes und der Familie und die rachsüchtige Bekämpfung aller, die derselben Abbruch getan, standen hier an erster Stelle.« Ruhland schreibt auch über Mohammeds große Ziele in Sachen national-arabischer Politik: »Auch in seiner Brust wohnten zwei verschiedene Seelen. Seine Religion war ihm auch Politik, und zwar nicht nur Kirchenpolitik. Mohammed wollte neben dem Jenseits auch das Diesseits gewinnen.« Und das tat er vornehmlich mit Gewalt.

Nicht ohne Grund berufen sich die Schlächter des Islamischen Staates (IS) auf die Lebensweise des Propheten. Auch sie verfolgen ein ähnliches »Teile-und-herrsche-Prinzip«. Dabei steht die Verteilung der Beute im Mittelpunkt, oder anders ausgedrückt: Gewalt soll sich lohnen. Nach Überfällen und Gefechten verteilte Mohammed die eroberte Beute laut Ruhland so, dass die Staatskasse ein Fünftel erhielt und die Gemeindemitglieder vier Fünftel, je nach Anteilnahme an dem kriegerischen Unternehmen. Laut einem Bericht auf *Spiegel Online* erbeutete die ISIS in nur einer Woche »in Mossul und Umgebung Geld, Gold und andere Vermögenswerte in Höhe von einer Milliarde Euro«. Und weiter: »Damit hätte sich ISIS an die Spitze der weltweiten Terror-Top-Verdiener katapultiert.«

Dabei fielen auch Banken in die Hände des IS. Konten von Christen, Jesiden, Schiiten und irakischen Armeeoffizieren wurden sofort enteignet. Aber auch andere Bankkunden kommen nicht so ohne weiteres an ihre Guthaben. Wer Geld abheben will, der muss dem IS erklären, woher es stammt. Geld, mit dem spekuliert wurde, wird sofort eingezogen. Nur wer alle Fragen des IS zufriedenstellend beantworten kann, darf maximal 10 Prozent seines Guthabens abheben. Auf diese Weise wollen die Terroristen verhindern, dass sich Bürger absetzen.

Wenn der IS seine Beute auch nur annähernd so verteilt, wie es Mohammed vorsah, dann ist der Terror ein lohnendes Geschäft für die Dschihadisten, die wahllos töten, nur um Angst und Schrecken zu verbreiten, die Menschen oft schon wegen eines Facebook-Postings öffentlich hinrichten und die nicht zögern, Christen ans Kreuz zu nageln. Über viele Wochen hinweg recherchierte ein zwölfköpfiges Reporterteam der *Zeit* und des *ARD*-Magazins *Report*, um das System des IS zu durchleuchten. Ihre Ergebnisse erinnern durchaus an die Zeiten Mohammeds: »Den Seinen zahlt der IS Gehälter: Kämpfern zum Beispiel ab 500 Dollar monatlich aufwärts. Das ist nicht viel, vergleichbar dem Verdienst eines einfachen Angestellten oder Streifenpolizisten. Aber dazu kommt ein Anteil an der »Kriegsbeute«, berichtete die *Zeit* im November 2014.

Und genau wie im siebten Jahrhundert gibt es Steuereintreiber. Christen und Juden müssen eine Kopfsteuer zahlen. Auch der Handel wird besteuert: »Sie gehen systematisch, aber oft willkürlich vor. 10 Prozent auf alles, lautet die Ansage. Wenn es keine gibt, wird geschätzt. Dazu kommen 2,5 Prozent Almosensteuer. Wer ein neues Auto hat, eine große Wohnung, läuft Gefahr, spontan besteuert zu werden, nach Augenmaß und Gutdünken«, so die *Zeit*. Allerdings seien manche »Steuern« nichts anderes als getarntes Schutzgeld: »Lkw-Fahrer, die Waren in die Stadt bringen, müssen 200 Dollar Gebühr abführen; bei Diesel oder Benzin werden gleich 500 Dollar fällig.« Neben dem Verkauf von Öl sind Entführungen eine wichtige Einnahmequelle. Im Jahr 2014 soll der IS insgesamt 25 Millionen Dollar Lösegeld eingenommen haben. »Die Unterlagen zeichnen das Bild einer zentral gesteuerten Organisation mit mehreren Verwaltungsebenen, die über Einnahmen und Ausgaben penibel Buch führt. Die doppelte oder dreifache Ausfertigung von Belegen ist nicht selten, es gibt detaillierte Vorschriften, an wen die Kopien gehen sollen. Bürokratie ist ein Teil der DNA des Islamischen Staates«, resümierte die *Zeit*. Man könnte es auch ein perfekt organisiertes Verbrechen nennen. Ein mörderischer Raubzug im Namen des Propheten.

Freilich ist das Vorgehen des IS auch in der islamischen Welt umstritten. So argumentiert der durch seine Fernsehauftritte bekannte konservative Theologe Yusuf al-Qaradawi, dass die Nichtmuslime in der Frühzeit des Islam den Tribut, also die Kopfsteuer (dschizya), zu entrichten gehabt hätten, weil sie vom Militärdienst, zu dem jeder Muslim verpflichtet gewesen sei, befreit waren. Heute gebe es keinen Militärdienst ausschließlich für Muslime, daher könne auch keine Kopfsteuer erhoben und die Nichtbezahlung zu einem Delikt gemacht werden. Doch trotz solcher Einwände verfehlt die Propaganda des Islamischen Staates seine Wirkung nicht. Hunderte junger Deutscher, Franzosen und Briten folgen den Aufrufen des IS zum Kampf in den Irak und nach Syrien. Unter ihnen finden sich auch viele Konvertiten. Ihr geistiges Rüstzeug erhielten sie in den europäischen Moscheen von Imamen, die den Salafismus predigen und Zustände wie zu Zeiten Mohammeds anstreben.

Der Stuttgarter Verfassungsschützer und ausgebildete Islamwissenschaftler Herbert Landolin Müller beobachtet schon seit vielen Jahren, dass die Salafisten immer mehr Anhänger gewinnen, obwohl ihr Ideengebäude im frühen Mittelalter angesiedelt ist: »Das bedeutet, die Gefährten Mohammeds und deren unmittelbare Nachkommen, das sind die Vorbilder, die diese geistige Bewegung oder doch auch politische Bewegung für sich reklamiert. Das heißt, aus dem siebten, achten Jahrhundert möchte man die Beispiele auch in politischen Dingen für sich exzerpieren und dann auch denjenigen zeigen, die wissen wollen, wie man den Islam richtig lebt im Persönlichen und dann eben auch noch in der Gemeinschaft und im Staat.«

Woher kommt dieser Salafismus in Deutschland? Eine seiner Quellen ist der Deutsche Informationsdienst über den Islam e.V. mit Sitz in Karlsruhe. Ein Institut, das sich offen dem Salafismus zuordnet und eng mit der privaten Hochschule Institut Européen des Sciences Humaines im französischen Château-Chinon zusammenarbeitet, die für Moscheegemeinden in ganz Europa Imame ausbildet, wie Dorothea Jung im Februar 2010 im *Deutschlandfunk* berichtete. Der Berliner Islamwissenschaftler Ralph Ghadban beschreibt das Institut sogar als »islamistische Kaderschmiede mit engen Verbindungen zur fundamentalistischen Muslimbruderschaft«. Vorsitzender des

Instituts ist Yusuf al-Qaradawi, selbst Mitglied der ägyptischen Muslimbruderschaft. Sein Stellvertreter ist Faisal El Mawlaoui, der frühere Chef der Muslimbruderschaft Al Jama'ah Al Islamiyah im Libanon. »Diese zwei sind die Hauptfiguren der internationalen Muslimbruderschaft, und ich gehe davon aus, dass in ihrem Programm moderne liberale Muslime überhaupt nicht vorkommen«, so Ghadban.

Auch in Deutschland gibt es einzelne muslimische Gemeinden, die ihre Imame in Château-Chinon ausbilden lassen. Als Beispiel nennt Dorothea Jung die zum Koordinationsrat der Muslime zählende Islamische Gemeinschaft in Deutschland (IGD): »Sie schickt ihren Nachwuchs unter anderem an das französische Muslimbruder-Institut. Das ist gewissermaßen logisch, werden doch die Gemeinden der IGD vom Verfassungsschutz ohnehin den Muslimbrüdern zugeordnet.« Auch die aus der Türkei stammende islamische Gemeinschaft Milli Görüs tauche in diesem Zusammenhang auf. Verfassungsschützer bezeichnen Milli Görüs als die größte islamistische Gruppierung in Deutschland. Milli Görüs ist im Islamrat organisiert – und der wiederum ist Mitglied im besagten Koordinationsrat. »Milli Görüs lässt ihre Imame ebenfalls in Château-Chinon ausbilden«, so Dorothea Jung.

»Unsere Imame qualifizieren sich aber in ganz unterschiedlichen Ausbildungsstätten«, betont Oğuz Üçüncü, Generalsekretär von Milli Görüs Deutschland in dem Beitrag. »Wir greifen zurück auf Theologen, die entweder im türkischen Kontext oder an islamischen Fakultäten und Hochschulen in der islamischen Welt ausgebildet worden sind, und motivieren mit Stipendiatenprogrammen junge Abiturienten, theologische Fakultäten zu besuchen, in der Türkei, in Bosnien oder auch in der arabischen Welt. Und dann private Hochschulen, zum Beispiel die in Château-Chinon in Frankreich, je nach Interesse und Vorlieben, in welchem Land man die Studien halt machen möchte, mit einer entsprechenden Aussicht, dann Imam in unserer Gemeinschaft zu werden.«

Insgesamt erhalten über 90 Prozent der in Deutschland arbeitenden Geistlichen ihre Ausbildung im Ausland. Auch die Imame der DITIB (Türkisch-Islamische Union der Anstalt für Religion e.V.), die mit Abstand die meisten Moscheevereine unterhält, insgesamt 896, lässt ihre Geistlichen in der Türkei ausbilden. Nach intensiven Studien über deutsche Moscheen kam der Osnabrücker Religionssoziologe Rauf Ceylan zu dem Schluss, dass die meisten Imame in ihrem Islamverständnis Traditionalisten seien: »Ein Großteil, über 75 Prozent, vertritt einen konservativen Islam, beispielsweise wenn es um die Rollenverteilung zwischen Mann und Frau geht; dann haben wir noch etwa 15 Prozent intellektuell offensive Imame, die für eine Neuauslegung der Quellen stehen. Und dann haben wir eine kleinere Gruppe von salafistischen, von extremistischen Imamen, die vielleicht zwei, drei Prozent ausmachen, und im Grunde genommen sind es gerade die salafistischen Imame, die auch den Verbänden Kopfschmerzen bereiten.« Sie sind es, die der Gewalt das Wort reden und ein Leben, wie es Mohammed im siebten Jahrhundert führte, als Ideal predigen. Und nicht wenige junge Männer unterliegen ihrem Einfluss.

»Der Strom der aus Deutschland nach Syrien ausreisenden Dschihadisten ist ungebrochen«, erklärte Verfassungsschutzpräsident Hans-Georg Maaßen im August 2014. Mehr als 400 Ausreisen allein nach Syrien habe seine Behörde gezählt. Sie und andere lassen sich ein auf die Versprechungen eines angeblich verheißungsvollen Dschihad und ziehen in die terroristischen Ausbildungslager im Irak, Afghanistan oder im Jemen – so wie einer der Attentäter des verheerenden Blutbads bei *Charlie Hebdo*. Ihr Beispiel zeigt, welche Gefahr diese Menschen darstellen, wenn sie in ihre Heimatländer zurückkehren. Im Sommer 2014 waren einige der nach Syrien ausgereisten Dschihadisten als ausgebildete Kämpfer wieder zurückgekehrt. »Unter den zurückgekehrten Dschihadisten sind auch etwa 25 Personen, die Kampferfahrung in Syrien gesammelt haben«, sagte Maaßen. Er betonte aber: »Wir haben derzeit keine Anhaltspunkte, dass diese Personen einen konkreten terroristischen Auftrag in Deutschland verfolgen.« Kurze Zeit später stellte die Polizei bei einer Hausdurchsuchung in Kassel bei Walid D., 27, eine Kalaschnikow AK-47 samt Munition, eine Pistole vom Typ Ceska 27, eine schusssichere Weste und eine Fahne des Islamischen Staates sicher. Mit einer Kalaschnikow hatten auch die Attentäter von Paris die Journalisten der Satirezeitung *Charlie Hebdo* getötet. Die Waffen verfügen über eine hohe Feuerkraft und sind sogar der Ausrüstung vieler deutscher Polizei-Spezialeinheiten überlegen.

Bis Ende 2014 kehrten von den über 500 Gotteskriegern, die aus Deutschland in Richtung Syrien gereist waren, etwa 180 nach Deutschland zurück. Die meisten von ihnen wandten sich nach ihrer Rückkehr erneut der extremistischen Szene zu, beobachtete der Verfassungsschutz. Die Rede ist von einem geschlossenen und nur schwer aufzubrechenden Milieu. Im Januar 2014 sprachen die Sicherheitsbehörden von insgesamt mehr als 230 sogenannten Gefährdern, die dauerhaft in Deutschland leben. Das Bundeskriminalamt (BKA) geht davon aus, dass sie »Straftaten von erheblichem Ausmaß begehen könnten«. Weitere 300 Personen führt das BKA als »relevant«. Sie könnten etwa »bei der Vorbereitung eines Anschlags logistisch helfen«. Zum Jahresende 2014 gab es in Deutschland 420 Ermittlungsverfahren und 650 Beschuldigte mit islamistischem Hintergrund.

Das wohl bekannteste Beispiel ist die sogenannte Sauerland-Gruppe. Sie bestand aus vier Männern im Alter zwischen 23 und 30 Jahren, die vor Gericht standen, weil ihnen vorgeworfen wurde, Autobombenanschläge auf US-Soldaten geplant zu haben. Sie waren im pakistanisch-afghanischen Grenzgebiet im Umgang mit Waffen ausgebildet worden. Ihr geistiges Rüstzeug erhielten sie jedoch in Deutschland. Bei ihrer Radikalisierung soll der ägyptische Arzt Yehia Yousif eine Schlüsselrolle gespielt haben. Er hatte seit den neunziger Jahren im Islamischen Informationszentrum Ulm gepredigt, wo die Gruppe verkehrte.

Das Internet ist voll von Aufrufen zum Kampf gegen den Westen, zum Kampf gegen die Demokratie, sprich gegen die Ungläubigen. Auf YouTube kursieren unzählige Videos deutscher Dschihadisten, in denen sie für den Heiligen Krieg werben. Und sie finden scheinbar noch immer eine steigende Zahl an Willigen, die für den von Abu Bakr al-Baghdadi ausgerufenen Islamischen Staat sterben wollen. Sie lassen sich durch nichts, auch nicht durch die vermeintlich friedlichen Suren wie etwa Koran 5:32 von ihrem Vorhaben abbringen, die von Islamapologeten so gerne zitiert wird. Dort heißt es, in Anspielung auf den jüdischen Talmud: »Wir haben den Kindern Israels vorgeschrieben:

»Wenn jemand einen Menschen tötet, der keinen anderen getötet, auch sonst kein Unheil auf Erden gestiftet hat, so ist's, als töte er die Menschen allesamt.«

Denn schließlich setzt »Allah« selbst einen Vers später diese barmherzige Weisung außer Kraft, heißt es doch wörtlich in Koran 5,33: »Der Lohn derer, die gegen Allah und seinen Gesandten Krieg führen und im Land eifrig auf Unheil bedacht sind, soll darin bestehen, dass sie umgebracht oder gekreuzigt werden oder dass ihnen wechselweise Hand und Fuß abgehauen wird, oder dass sie des Landes verwiesen werden. Das kommt ihnen als Schande im Diesseits zu. Und im Jenseits haben sie (überdies) eine gewaltige Strafe zu erwarten.«

In einem Gespräch mit dem Journalisten Günther Lachmann führte der französische Soziologe Olivier Roy den großen Zulauf salafistischer gewaltbereiter Gruppen vor allem auf soziale Ursachen zurück: »Die salafistischen Gruppen haben Zulauf in den sozial schwachen Gebieten. Es muss also einen Zusammenhang zwischen der sozialen Stellung und dem Salafismus geben. Und viele dieser Salafisten sind junge Männer, die mit Drogen und anderer Kriminalität zu tun hatten. Im Gefängnis kommen sie dann zum Salafismus, sie empfinden es als eine ›Wiedergeburt‹. Viele erklären ihre Wandlung zum Salafisten als einen Weg, sich selbst zu rehabilitieren und so eine neue Form von Würde zu gewinnen. Wir können also sagen, dass Salafimus junge Leute vom Rand der Gesellschaft anzieht.« Der Salafismus sei in diesen Gruppen so attraktiv, weil er das Leben auf sehr schlichte Art und Weise ordne: »Er macht klare Vorgaben, wie sie sich kleiden sollen, was sie essen sollen, wie sie sich verhalten sollen. Der Salafismus strukturiert den Alltag«, so Roy. Wer die Gesetze des Korans befolge, sei gerettet. »Der zweite Grund ist: Wie in jedem anderen Kult gibt es eine Bruderschaft, eine Gemeinschaft. Es ist eine Mischung aus Kampfgemeinschaft und neuer Familie. Es gibt also auch diesen Aspekt von Wärme und Solidarität, den sie außerhalb der Gemeinschaft nicht finden.« Salafismus sei deshalb so attraktiv für junge Männer, weil er explizit gegen jede Kultur opponiere: »Darum zieht er vor allem gestrandete junge Leute an.

Das ist auch der Grund, warum er so interessant für Konvertiten ist.«

Roy liegt richtig. Wir dürfen nicht glauben, dass der Salafismus für seine Anhänger nur aus materiellen Gründen anziehend ist. Gerade in unserer säkularisierten und materialistischen Gesellschaft suchen junge Menschen nach Sinn und Orientierung. Materialismus befriedigt die Seele nicht. Und das Konzept »Füttere den Leib, ignoriere die Seele!« wird das Problem nicht lösen.

Von 2013 bis 2014 stieg die Zahl der Salafisten in Deutschland von 4500 auf 5500 an. In seinem Bericht für das Jahr 2014 schreibt der Verfassungsschutz, der Salafismus übe eine große Anziehungskraft aus. Die Scharia gelte seinen Anhängern als unverletzlich und unaufhebbar. Salafisten betrachteten sie als jeder weltlichen Gesetzgebung übergeordnet und für die gesamte Menschheit gültig. »Dies hat zur Folge, dass Salafisten staatliche Gesetze ablehnen«, so der Verfassungsschutz. Salafistische Ideologen vermittelten ihrer Anhängerschaft die Botschaft, Elite und Vorkämpfer zu sein. Als solche sollten sie sich von anderen Muslimen und Nichtmuslimen distanzieren. Mit dieser Forderung ziele man auf die Schaffung einer salafistischen Parallelwelt ab und kündige gleichzeitig die friedliche Koexistenz unterschiedlicher religiöser Gruppierungen in Deutschland auf. »In letzter Konsequenz versuchen Salafisten, in Deutschland einen ›Gottesstaat‹ nach den Regeln der Scharia zu errichten, in dem die freiheitliche demokratische Grundordnung keine Geltung mehr haben soll«, warnt der Verfassungsschutz. Wie der französische Wissenschaftler Roy, so sieht auch der Verfassungsschutz die zunehmende Popularität des Salafismus darin, dass dieser den Alltag strukturiert: »Die salafistische Indoktrinierung ist deswegen so erfolgreich, weil sie neben dem ideologischen Überbau auch essenzielle soziale Bedürfnisse der Orientierung suchenden Menschen anspricht. Denn der Salafismus bietet seinen Anhängern einen alternativen Lebensentwurf in einer eingeschworenen Gemeinschaft, mit flachen Hierarchien und einem starken Zusammengehörigkeitsgefühl. Zudem bietet der Salafismus klare Regeln und Anleitung für alle Lebensbereiche seiner Anhänger.«

IV.
Verführte und Verführer

Aber genügt ein strukturiertes Weltbild mit klaren Hierarchien und einem geordneten Tagesablauf als Begründung, um in den Heiligen Krieg zu ziehen? Nach den Anschlägen von Paris hat der marokkanisch-niederländische Schriftsteller Abdelkader Benali in einem Beitrag für die *New York Times* dargestellt, wie er selbst als Jugendlicher religiösen Fanatismus erlebte. Damals wurde in seiner Schule die gegen den Schriftsteller Salman Rushdie verhängte Fatwa diskutiert. »Unser Lehrer sprach von Meinungsfreiheit, ich von der Beleidigung des Propheten«, schreibt Benali. »Ich erinnere mich daran, dass ich aufstand, und meine Stimme lauter wurde, weil ich vergeblich nach einem Argument suchte, das die Heiligkeit des Propheten für mich und meine Gemeinde veranschaulichte. Und je öfter Herr Fok mir mit seinen kühlen rationalen Analysen antwortete, desto wütender wurde ich. Begriff er nicht, dass es um mehr ging als um den gesunden Menschenverstand? Begriff er nicht, dass die Verspottung des Propheten ein moralisches Verbrechen war?« In diesem Moment habe Benali das erste Mal gespürt, was es bedeute, Muslim zu sein. Er habe sich gar nicht so fühlen wollen, eigentlich habe er einlenken wollen. »Als mein Ärger verflogen war, schämte ich mich. Ich hatte meine Religion erniedrigen lassen, meine Familie und mich selbst. Ich schämte mich für eine Wut, die ich nicht verstand«, so Benali. Mit 17, als er besser Englisch sprach, las er erstmals Rushdies *Satanische Verse*. »Ich war fasziniert, da strauchelte ein gläubiger junger Mann in einer ungläubigen Welt – der Sohn einer tief religiösen Einwandererfamilie wurde in eine Welt geworfen, die alles umarmte und nichts fürchtete. Das Buch bestätigte, was ich die ganze Zeit tief in mir geahnt hatte: Eine freie und offene Gesellschaft ist eine Bedrohung für gläubige Menschen. Ihre Religion wird verspottet, manchmal wird sie sogar unterdrückt. Und das schürt Zorn.« Benali schreibt, letztlich habe er desillusioniert feststellen müssen, dass es nur einen Weg gebe, um seine Wut zu besiegen: »Du musst verstehen, wo sie wurzelt.« Die Freiheit zu zweifeln, nicht Partei ergreifen zu müssen und Empathie für Charaktere und Menschen zu entwickeln, mit denen man nicht einer Meinung ist, sei befreiend gewesen. Heute umarme er zwar immer noch seinen islamischen Hintergrund, aber ohne Dogma, Repression und strenge Einhaltung ihrer Rituale.

Zu genau dieser intellektuellen Distanz und Selbstvergewisserung sind Dschihadisten jedoch nicht fähig. Sie nutzen salafistische Dogmen zum Ausgleich psychosozialer Defizite. »Wer den Propheten beleidigt, verdient die Todesstrafe«, sagte Murat K. in einem deutschen Gerichtssaal. Der Deutsche war einige Jahre zuvor zum Islam übergetreten. Nun lobte er die Todesstrafe für Islamkritiker. Murat K. musste sich vor Gericht wegen eines Angriffs auf Polizisten in Zusammenhang mit dem Wahlkampf der Partei PRO NRW verantworten. Die Partei hatte im Mai 2012 in Bonn unter dem Motto »Freiheit statt Islam« Mohammed-Karikaturen gezeigt. Mehrere hundert Salafisten kamen damals zur Gegendemonstration. Und so standen weniger als dreißig PRO-NRW-Anhänger rund 600 Salafisten gegenüber. »Was ist unser Weg?«, schrie ein Mann auf Arabisch mit einem Megaphon in die Menge. »Der Dschihad!«, toste es zurück. Auch Murat K. brüllte mit. Doch dann eskalierte die Situation. Es flogen Steine. Salafisten griffen die Polizei mit Holzlatten und Messern an. Eine 35 Jahre alte Polizistin und ein 35 Jahre alter Polizist wurden schwer verletzt. Beide verloren viel Blut. Unter den Angreifern war auch Murat K. Er war stolz auf seine Tat und zeigte zu keinem Zeitpunkt Reue, auch nicht vor Gericht. Vielmehr brüstete er sich damit, seinen Propheten verteidigt zu haben. In Murats Weltbild war der Staat schuld, dass es zur Messerattacke gekommen war. Denn die Regierung habe erlaubt, dass die Mohammed-Karikaturen gezeigt wurden. Seiner Ansicht nach solle die deutsche Polizei die Rolle einer islamischen Religionspolizei einnehmen, anstatt das grundgesetzlich verbriefte Recht auf Meinungsfreiheit und körperliche Unversehrtheit zu verteidigen. Murat ist der Meinung, es sei die Pflicht eines jeden Muslims gewesen, die Repräsentanten eines solchen Staates anzugreifen. Die Polizisten hätten ihren Dienst »ja verweigern können«, wenn der Staat ihnen abverlange, das Zeigen von Mohammed-Karikaturen zu schützen.

Ein Jahr später ereignete sich in London eine entsetzliche Bluttat zweier Muslime. Auf bestialische Art und Weise töteten sie Lee Rigby, den Vater eines zweijährigen Sohnes, auf offener Straße. Der 25-jährige Soldat wurde in der Wellington Street, nur wenige hundert Meter von seiner Kaserne entfernt, von einem Auto niedergefahren und zu Boden geschleudert. Die beiden Insassen des Fahrzeugs zerrten den schwer verletzten Mann anschließend auf die Straße, wo sie ihm mit einem

Fleischerbeil vor den Augen und Handykameras zahlreicher Passanten den Kopf abtrennten. Dabei riefen sie: »Allahu akbar« (»Allah ist groß«), und: »Wir werden nie aufhören, euch zu bekämpfen!«

Woher kommt dieser Hass? Was bringt Menschen dazu, wahllos und auf brutalste Weise zu morden? Oft ist das Verhalten von Menschen ein Produkt ihrer Erziehung und ihrer Wertvorstellungen. Die Mörder von Lee Rigby gehören dem sunnitischen Islam an. Vermutlich sind sie Salafisten, die Mohammed in Wort und Tat nacheifern. Im Großen wie im Kleinen. Sie glauben, dass sie durch ihre Lebensweise den islamischen Glauben vollkommener und echter leben. Ihr Verhalten orientiert sich an den Grundannahmen und Wertvorstellungen, die ihnen durch die Lebensweise Mohammeds und den Koran vermittelt werden. Anders als viele liberale Muslime wollen sie den Islam konsequent leben.

Zu diesen Grundannahmen gehört die Überzeugung, dass die Ungläubigen »die schlimmsten aller Geschöpfe sind«, dass sie im Grunde gar keine Menschen, sondern »wie das Vieh sind«. Sie nehmen wörtlich, was der Koran in Sure 8:55 sagt: »Als die schlimmsten Tiere (dawaabb) gelten bei Allah diejenigen, die ungläubig sind und (auch) nicht glauben werden.« Sie sind überzeugt davon, dass die Ungläubigen zu bekämpfen sind und dass Allah seine Feinde durch die Hände der Muslime qualvoll peinigen lässt: »Wenn ihr gegen sie kämpft, wird Allah sie durch euch bestrafen, sie zuschanden machen, euch zum Sieg über sie verhelfen und Leuten, die gläubig sind, innere Genugtuung verschaffen und den Groll, den sie in ihrem Herzen (gegen die Ungläubigen) hegen, dahinschwinden lassen.« (Sure 9:14) Und Sure 9:5 fordert: »Tötet die Heiden, wo immer ihr sie findet, greift sie, umzingelt sie und lauert ihnen überall auf!« Im Koran und in der Sunna finden sich also genügend Textstellen, die Ungläubige herabwürdigen und ihnen mehr oder weniger das Existenzrecht absprechen.

Ein auf Hass basierendes Glaubensdogma trägt ganz besonders dazu bei, dass radikale Muslime Abneigung gegenüber Ungläubigen empfinden. Sie verabscheuen ihre Lebensweise, ihre Kultur und ihren Unglauben. Das zweischneidige Glaubensdogma der islamistischen Lehre heißt: »Loyalität und Lossagung«. Der doppelte Kern dieses Dogmas besteht aus den sich ergänzenden Grundsätzen: Der Muslim ist loyal gegenüber Allah, Mohammed und den Muslimen und sagt sich los von allem, was ihnen entgegensteht. Die kritische Kernaussage dieses Dogmas lässt sich wie folgt zusammenfassen: Liebe den Menschen in dem Maße, in dem er Allah und Mohammed gehorsam ist. Hasse den Menschen in dem Maße, in dem er Allah und Mohammed ungehorsam ist. Der Muslim soll sich den Anhängern seines Glaubens gegenüber loyal zeigen und sich gleichzeitig den Leugnern seines Glaubens entgegenstellen, sie zutiefst hassen und bekämpfen.

Auf einigen deutsch-muslimischen Webseiten erscheint ein ins Deutsche übersetztes Buch des renommierten saudischen Großgelehrten al-Fawzan, der Mitglied der angesehensten Religionskomitees ist. Er erklärt das Dogma wie folgt: »Es ist Pflicht, diejenigen zu lieben, die Allah und seinen Gesandten lieben, und denjenigen die Feindschaft anzusagen, die Allah und seinem Gesandten feindlich gegenüberstehen (…). Es gehört zu den Fundamenten des islamischen Glaubens, dass es die Pflicht eines jeden Muslims ist, der diesen Glauben als seine Religion ansieht, den Anhängern diesen Glaubens Loyalität und Freundschaft und seinen Feinden Feindschaft entgegenzubringen.«

Dieses universelle und allseits bekannte Glaubensdogma hat großen Einfluss auf das soziale Leben der Muslime in der Welt und erschwert ihre Integration in die westlichen Gastgesellschaften oder macht diese sogar unmöglich. In simpler Schwarz-Weiß-Malerei wird das »muslimisch Gute« als In-Group und das »ungläubig Böse« als Out-Group definiert. Doch wie wird dieses Dogma aus dem Koran und der Sunna heraus legitimiert? Wie alle Islamgelehrten bezieht sich auch al-Fawzan in seiner Schrift auf einige Koranverse, die die Grundlage dieses Dogmas bilden. Dazu zählt etwa Sure 60:4, in der der Koran Abraham und seine Anhänger als Beispiele für gute Muslime darstellt: »In Abraham und denen, die mit ihm waren, habt ihr doch ein schönes Beispiel. (Damals) als sie zu ihren Landsleuten sagten: ›Wir sind unschuldig an euch und an dem, was ihr an Allahs statt verehrt. Wir wollen nichts von euch wissen. Feindschaft und Hass ist zwischen uns offenbar geworden als ein Zustand, der für alle Zeiten (andauern wird), solange ihr nicht an Allah allein glaubt.‹« Abraham sagte allerdings auch zu seinem Vater: »›Ich werde (Allah) bestimmt für dich um Vergebung bitten. Doch vermag ich gegen Allah nichts für dich auszurichten. Herr! Auf dich vertrauen wir, und dir wenden wir uns (bußfertig) zu. Bei dir wird es (schließlich alles) enden.‹ Ihr habt doch ein schönes Vorbild in Ibrahim und denjenigen, die mit ihm waren, als sie zu ihrem Volk sagten: ›Wir sagen uns los von euch und von dem, dem ihr anstatt Allah dient. Wir verleugnen euch, und zwischen uns und euch haben sich Feindschaft und Hass auf immer offenkundig gezeigt, bis ihr an Allah allein glaubt.‹« Ein anderer sunnitischer Gelehrter, Muhammad Salih al-Munajjid, schreibt in einem Rechtsgutachten (Fatwa) Folgendes: »Der Islam hat uns befohlen, gegeneinander barmherzig zu sein. Den Ungläubigen gegenüber müssen wir herablassend und hart sein.« Zur Bestätigung zitiert er Sure 48:29: »Muhammad ist der Gesandte Allahs. Und diejenigen, die mit ihm (gläubig) sind, sind den Ungläubigen gegenüber heftig, unter sich aber mitfühlend.«

Die Botschaft ist klar und deutlich: Hasst eure Gegner so lange, bis sie an Allah glauben. Allein ihr Unglaube berechtigt Muslime, ihnen jegliche positiven Eigenschaften und das Recht auf eine respektvolle Behandlung abzusprechen. Die Zugehörigkeit zum Islam und die Einstellung zu Allah und seinem Propheten entscheidet, wer Freund und wer Feind ist.

Hier einige Eigenschaften, die den Ungläubigen im Koran zugeschrieben werden:

- Sie sind Feinde Allahs und seines Propheten (Sure 2:98).
- Sie versuchen die Muslime von ihrem Glauben abzubringen (Sure 4:89).
- Sie sind die schlechtesten aller Geschöpfe (Sure 98:6).
- Sie sind wie das Vieh und sogar noch schlimmer (Sure 8:55, 8:22-23).

In Anbetracht dieser harschen Vorverurteilung und Diffamierung Andersgäubiger verwundert es kaum, dass der Koran den Muslimen jeglichen freundschaftlichen Umgang mit Nichtmuslimen untersagt. Sie gelten als Feinde für immer und ewig. »Die Heiden sind unrein«, heißt es in Sure 9:28. Deswegen rät der einflussreiche Koran-Exeget al-Tabari: »Schüttelt ihnen nicht die Hand, wer dies tut, sollte sich waschen.« Hinsichtlich des Grußes gibt es jedoch Meinungsverschiedenheiten unter den Gelehrten. Einige verbieten es, Ungläubigen die Hand zu reichen, andere nicht.

Auch eine Beglückwünschung der Nichtmuslime zu ihren Festtagen ist verboten. Das geht sogar so weit, dass islamische Gelehrte die Muslime dazu anhalten, rund um nichtmuslimische Festtage keinen Handel mit Ungläubigen zu treiben, um ihnen das Feiern möglichst schwerzumachen. Zudem ist es nicht erlaubt, für Ungläubige zu beten oder an ihrem Grab zu stehen, wie es in Sure 9:84 heißt: »Und sprich niemals, wenn einer von ihnen stirbt, das Totengebet über ihm und stell dich (dann bei der Beerdigung) nicht an sein Grab! Sie haben (ja) an Allah und seinen Gesandten nicht geglaubt und sind als Frevler gestorben.« Des Weiteren ist es laut Koran verboten, Nichtmuslime als Zeugen im Gericht zu vernehmen, da sie keine gerechten Menschen sind: »Und nehmt zwei gerechte Personen von euch zu Zeugen« (Sure 65:2). Gerecht ist in diesem Fall natürlich nur, wer sich zu Allah bekennt. Muslime dürfen sich darüber hinaus nicht wie Ungläubige kleiden oder sich ihren Umgangsformen anpassen. »Wer auch immer ein Volk nachahmt, ist einer von ihnen!«, mahnt Abu Dawud, Hadit 4031. Muslime dürfen Nichtmuslimen gegenüber auch nicht wohltätig sein. Würde beispielsweise ein christliches Land von Hunger oder Naturkatastrophen heimgesucht werden, wäre es Muslimen verboten, Hilfe zu leisten. Ausgenommen davon ist die Unterstützung von Menschen, die Interesse am Islam zeigen: »Die Almosen sind nur für die Armen und Bedürftigen bestimmt (…), (ferner für) diejenigen, die für die Sache des Islam gewonnen werden sollen (…)« (Sure 9:60). Der Koran verbietet Muslimen, Ungläubigen zu vertrauen oder Beistand von ihnen zu erbitten. Und auch die Freundschaft oder Liebe zu einem Kuffar ist natürlich strengstens verboten. Denn Ungläubige gelten als Feinde Allahs und somit auch als Feinde der Muslime.

Doch Allah und sein Prophet waren Pragmatiker: Befindet sich ein Muslim unter der Macht der Ungläubigen oder fürchtet sich gar vor ihnen (Sure 3:28), darf er sich verstellen. In diesem Fall ist es ihm sogar gestattet, sich mit den Ungläubigen zu befreunden, sich bei ihnen einzuschmeicheln oder sie zu loben. Er sollte sie dann nur innerlich verabscheuen und hassen. Auf seiner Internetseite erklärt der Zentralrat der Muslime ganz in diesem Sinne: »Der Islam betrachtet die Mitglieder anderer Glaubensgemeinschaften nicht als Gottlose oder Heiden, sondern bezeichnet sie als Andersgläubige und regelt den Umgang mit ihnen auf der Basis des Respekts und der Hochachtung und nicht auf der Basis der Gegnerschaft und Feindschaft.«

Zum Zusammenhalt unter Muslimen ruft der Zentralrat alle Gläubigen auf: »Wo auch immer, sind Muslime dazu aufgerufen, im täglichen Leben aktiv dem Gemeinwohl zu dienen und mit Glaubensbrüdern und -schwestern in aller Welt solidarisch zu sein.« Respekt gegenüber Nichtmuslimen oder der Dienst am Gemeinwohl anderer sind in der islamischen Lehre nicht begründet. Man findet kaum religiöse Texte im Islam, die zur Mitwirkung am Gemeinwohl eines nichtmuslimischen Staates aufrufen. Vielmehr findet man Hassaussagen und Verfluchungen. Mohammed selbst ist in dieser Hinsicht das Vorbild der Muslime. Er verfluchte in seinem täglichen Gebet alle Nichtmuslime, sogar noch auf dem Sterbebett. Seine Weggefährten taten es ihm gleich. Und so eifern auch heute noch viele Muslime auf der ganzen Welt ihrem großen, unerreichbaren Vorbild nach. Wer also die Barmherzigkeit des Islam preisen will, sollte zunächst einmal erklären, wo diese in der Lehre des Korans begründet ist.

Für die Mörder von Lee Rigby ist Gewalt gegen Ungläubige eine gottgefällige Tat, das Abschlachten der Feinde Allahs ein

Akt der Nachfolge Mohammeds. Sie haben sich einer Kultur der Gewalt und der Verachtung verschrieben, die auf einem radikalen Islamverständnis beruht. Muslime und Multikulturalisten hinterfragen diese Tatsache allerdings nicht, weil die Gewaltfrage die Grundfeste ihrer Weltreligion erschüttern würde. Oder anders ausgedrückt, der Islam selbst ist in sich zu aggressiv und zu mächtig, als dass er diese Frage zuließe. So werden die Multikulturalisten, unterstützt von den islamischen Verbänden, weiter nach sozioökonomischen oder anderen Ursachen für die endemische Gewaltproblematik suchen, denn: Es kann nicht sein, was nicht sein darf!

Der 22 Jahre alte Türke Erhan A. aus dem bayerischen Kempten sagte im Oktober 2014 im Magazin der *Süddeutschen Zeitung* frei heraus, wie er die Sache sieht: »Demokratie und Islam, das ist wie Feuer und Wasser. Es ist nicht miteinander vereinbar.« Erhan A. ist Anhänger des IS. Er war schon einmal auf dem Weg in die Kampfgebiete, kam allerdings nur bis in die Türkei. Nun haben die Behörden seinen Pass einkassiert. Obwohl einer seiner Freunde bei Aleppo im Kampf für den IS gefallen ist, hält Erhan A. an seinem Entschluss fest, auch irgendwann einmal für den IS zu töten: »Mir war von Anfang an klar, dass er nicht mehr zurückkommt. Nachdem ich gesehen habe, was ihm passiert ist, wollte ich erst recht gehen. Das hat mir so einen richtigen Schub gegeben.«

Der wohl berühmteste deutsche IS-Dschihadist ist der frühere Kreuzberger Rapper Denis Cuspert alias Deso Dogg. Er sei die größte Gefahr, dass andere ihm nachfolgen, sagen Verfassungsschützer. Cuspert wurde 1975 in Berlin als Sohn einer Deutschen und eines Ghanaers geboren. Sein Vater wurde schon bald nach seiner Geburt abgeschoben. Ein amerikanischer Militärangehöriger trat an seine Stelle. Die Mutter war mit dem Jungen oft überfordert, der viel Zeit auf der Straße verbrachte. »Er stahl und raubte, schlug zu und wurde festgenommen, immer wieder, bei einer Hausdurchsuchung fand die Polizei 16 scharfe Patronen, dazu Drogendelikte, Körperverletzung«, schrieb der *Spiegel* im November 2014. »Bei einem Streit um die Beute schoss er einem Freund mit einer Gaspistole ins Gesicht.«

Cuspert landete im Gefängnis, begann zu rappen und machte Kampfsport, bis er sich vom Westen lossagte und als eine Art Wanderprediger durch die islamistische Szene zog. Zusammen mit anderen Geistesbrüdern gründete er im November 2011 in Solingen die radikalislamische Vereinigung Millatu-Ibrahim (Die Gemeinde des Abraham). Als die Vereinsmitglieder mit Zaunlatten gegen demonstrierende Mitglieder der Partei PRO NRW vorgingen, wurde der Verein wenig später verboten. Cuspert, gegen den bereits wegen Volksverhetzung ermittelt wurde, reiste nach Ägypten und weiter nach Syrien. Dort war er schließlich auf dem Schlachtfeld des Terrors angekommen und leistete Abu Bakr al-Baghdadi, dem Führer des Islamischen Staates, den Treueeid. Von nun an bezahlte ihn der IS fürs Morden. Bald schon durfte er eine eigene kleine Kampftruppe aufbauen – bestehend aus Dschihadisten, die wie er aus Deutschland angereist waren. Zu ihnen gehörte auch der blonde David G., der mit 16 Jahren zum Islam konvertierte und im Alter von 19 bei Aleppo getötet wurde. Im Internet kursiert ein Bild, das den toten David mit blutüberströmtem Gesicht zeigt. Es ist jenes Bild, das Erhan A. neue Motivation gab.

Solche Bilder und Videos sind meistens mit Kampfgesängen unterlegt und feiern den Toten als Märtyrer. Seit den ersten Videos von al-Qaida haben die Terroristen auch den medialen Dschihad perfektioniert. Dabei bespielen sie virtuos sämtliche

Kanäle der sozialen Medien. »Die IS-Leute kennen sich sehr gut aus mit sozialen Medien. Sie sind sehr geschickt darin, die iPhone-Generation weltweit zu erreichen, sie beherrschen das perfekt. Und sie machen es sehr gezielt: In den Golfstaaten zum Beispiel kommunizieren sie über Twitter, in Syrien benutzen sie Facebook. Der IS ist die erste Gruppe, die die Bedeutung sozialer Medien erkannt hat«, sagte der frühere FBI-Agent Ali Soufan im November 2014 dem *Spiegel*. Demnach arbeiten ganze Armeen von Bloggern und Schreibern für den IS. »Unseren Recherchen zufolge sitzen die meisten von ihnen in den Golfstaaten und in Nordafrika«, so Soufan. »Initiiert hat all das Abu Amr al-Shami, ein in Saudi-Arabien geborener Syrer. Außerdem wissen wir, dass zu einem Zeitpunkt bis zu 12 000 Twitter-Accounts mit dem IS verbunden waren. Genau das ist eine Besonderheit dieser Gruppe: die Dezentralisierung ihrer Propaganda-Arbeit. Der Islamische Staat hat die Kontrolle über die Verbreitung seiner Botschaften aus der Hand gegeben, ohne die Kontrolle über deren Inhalte zu verlieren. Das ist neu.«

Bereits 2001, also zu einem Zeitpunkt, da viele Medien noch weit davon entfernt waren, das Internet für sich zu entdecken, produzierte al-Qaida erste Videos für YouTube. Die Terrororganisation gründete sogar eine eigene Produktionsgesellschaft, die As-Sahab Foundation for Islamic Media Publication. Mit ihrer Hilfe stellen auch deutsche Dschihadisten ihre Botschaften ins Netz, in denen sie zu Anschlägen, Terror und letztlich zur Vernichtung der westlichen Gesellschaft aufrufen. Dass sie dabei gegen deutsches Recht verstoßen, versteht sich von selbst.

Mit den Jahren haben die Terroristen ihr Erscheinungsbild in den sozialen Medien und auf YouTube immer wieder aufgefrischt. Seit 2010 bringt al-Qaida auf der Arabischen Halbinsel das professionell gestaltete Magazin *Inspire* heraus, das man als PDF downloaden kann. In dem Magazin gab es unter anderem eine Rubrik, in der der jemenitische al-Qaida-Führer Anwar al-Awlaki, der auch die amerikanische Staatsbürgerschaft besaß, Fragen beantwortete. Al-Awlaki war übrigens der erste Terrorfürst, der einen eigenen Blog und eine eigene Facebookseite hatte. Er wurde am 30. September 2011 im Jemen durch einen US-Drohnenangriff getötet. Durch *Inspire*, dessen Inhalt sich vornehmlich an britische und US-amerikanische junge Muslime richtet, sind unzählige nationale und internationale Extremisten durch die radikale Interpretation des Islam zur Gewalt motiviert worden. Auch in Europa versuchten sich viele anhand der im Magazin zu findenden Anleitungen im Bombenbau. Bis heute verfolgt *Inspire* das Ziel, Wut gegen Ungläubige und den Westen zu schüren. Die Zeitschrift glorifiziert den Dschihad und ruft die US-amerikanischen und europäischen Muslime zu Einzeltaten auf. Sie sollten ohne Verbindungen zueinander losschlagen, um so die lokalen und internationalen Geheimdienste zu verwirren. Auf keinen Fall dürfe die Verhaftung von Mitgliedern enttarnter Zellen Einfluss »auf die operative Tätigkeit der anderen ausüben, die nicht mit ihnen verbunden sind«.

Diejenigen, vor denen sich der Westen fürchten muss, sind nicht etwa jene Täter, die im Juli 2006 zwei untaugliche Kofferbomben in deutschen Regionalzügen abstellten. Heute geht die Gefahr von Kämpfern aus, die perfekt an Schnellfeuerwaffen, Panzerfäusten und anderem Militärgerät ausgebildet worden sind. Oder wie es der frühere FBI-Agent Soufan ausdrückt: »Bei IS aber sind die coolen Jungs mit den Kapuzenshirts.«

Auch der deutsche Sven Lau soll schon beim IS in Syrien zu Besuch gewesen sein. Er selbst bestreitet das. Doch *Focus* berichtete im September 2014, der gebürtige Libanese Ismail Issa, der in Baden-Württemberg aufgewachsen ist, habe bei der Stuttgarter Staatsanwaltschaft ausgesagt, dass Lau sich in einem Lager der IS-Kämpfer in Syrien aufgehalten habe. Zudem sei er mit dem Kommandanten der deutschen Einheit in dem Camp, Konrad Schmitz, einem Konvertiten aus Mönchengladbach, befreundet. Außerdem habe Lau den Kontakt zu einem Schleuser vermittelt, der Dschihadisten über die Türkei nach Syrien gebracht habe.

Lau saß wegen dieser Vorwürfe bereits in Untersuchungshaft, musste jedoch wegen Mangel an Beweisen wieder freigelassen werden. »So reichen hierzulande auch keine Fotos, die den Aktivisten im Jahr 2013 bei islamischen Terrorbrigaden im syrischen Aleppo auf einem T-62-Panzer zeigen, eine Kalaschnikow in der Hand«, schreibt der *Focus* und verweist auf ein Video, in dem Lau angeblich ruft: »Gelobt sei der Tag des Dschihad.« Es soll auch Telefonmitschnitte der Ermittlungsbehörden geben, in denen Lau drohe: »Da, da wird eine Bombe hochgehen.« Lau selbst bezeichnete seinen Kommentar lediglich als einen »Scherz«.

Wer ist dieser Sven Lau? Geboren am 14. Oktober 1980 in Mönchengladbach, wuchs Lau in einem katholischen Elternhaus auf. Er selbst sagt, in seiner Familie habe Religion keine Rolle gespielt. Es habe »das übliche luschige Christentum« nichtpraktizierender Katholiken geherrscht. Als Jugendlicher war er in Spielhallen und Discos zu Hause, er kiffte und trank. Spaß habe das gemacht, ihn aber nicht erfüllt. Nach der Schule erlernte er erst einmal den Beruf des Industriemechanikers. »Ein türkischer Arbeitskollege beeindruckte ihn durch seine freundliche Gelassenheit«, schrieb die *Zeit* im Oktober 2011. Bald schon habe der Mann ihn mit zu einer Moschee der islamistischen Gruppierung Milli Görüs genommen. »Dort lernte Sven Lau den Islam kennen, aber die türkischen Jugendlichen lebten ›in der gleichen Heuchelei wie die laschen Christen‹. Sven Lau las in der Bibel und fand sie im Vergleich zur Lehre des Islam ›voller Widersprüche‹. Die Lehre des Propheten aber, so hatte er es in der türkischen Moschee gelernt, war unverfälscht und eindeutig. Was man zu tun hatte, um nach dem Tod dem Höllenfeuer zu entgehen, war klar in Koran und Sunna geregelt. Lau wollte nun leben wie im siebten Jahrhundert. Männer mussten Bärte tragen. Die Hosen duften nur bis zum Knöchel reichen. Frauen hatten sich vollständig mit einem Niqab zu verhüllen und durften fremden Männern nicht die Hand reichen. Von Nichtmuslimen sollte man sich fernhalten. Demokratie, Pluralismus und Rechtsstaatlichkeit sind Götzendienst, denn nur Gott darf Gesetze machen. Hielt man sich daran, werde man dem ewigen Feuer nach dem Tod entgehen. Dem Höllenfeuer.«

Nach dem Grundwehrdienst ging er zur Berufsfeuerwehr Mönchengladbach. Dort machte er eine zweite Ausbildung zum Brandmeister im mittleren Dienst. Er heiratete eine Deutsche, die ebenfalls zum Islam konvertierte. Angeblich riet seine Mutter der Frau, sich von Lau zu trennen, als dieser die Feuerwehr wieder verließ. Denn ihr Sohn wollte sich nun ganz der Mission, der Dawa, widmen. Inzwischen trug er einen dichten Bart und konnte die Atemmaske der Feuerwehr gar nicht mehr tragen. Aus Sven Lau wurde Abu Adam.

Sein Freund, Mentor und Vorbild wurde Pierre Vogel. Der 1978 in Frechen bei Köln geborene Vogel war einmal Deutscher Jugendmeister im Halbschwergewichts-Boxen. Mit 16

Jahren wechselte er auf ein Berliner Sportinternat im Sportforum Hohenschönhausen und erwarb dort 1999 sein Abitur. Vogel, der in einem evangelischen Elternhaus aufgewachsen war, verweigerte den Wehrdienst und leistete Zivildienst. Seine Hinwendung zum Islam vollzog sich angeblich an nur einem Tag. Als 22-Jähriger soll er einen Trainingspartner in eine Moschee begleitet haben, wo er nach eigenen Angaben noch am selben Tag konvertierte. Im Juni 2002 boxte er ein letztes Mal. Er gab den Sport auf, weil er diesen angeblich nicht mit seinem Glauben vereinbaren könne. Nach einem Semester brach er sein gerade erst aufgenommenes Lehramtsstudium für Grund- und Hauptschule an der Universität Köln ab. Im Jahr darauf heiratete er eine Marokkanerin und ging schließlich 2004 mit einem Stipendium für drei Semester an das Arabische Institut für Ausländer an der Umm-Al-Qura-Universität in Mekka. Für Aufsehen sorgte seine Äußerung in einer Talkshow, er habe in Mekka ein Mitglied der sogenannten Sauerland-Gruppe getroffen. Angeblich soll er den Terroristen von Anschlägen in Deutschland abgeraten haben.

Den deutschen Sicherheitsbehörden gilt Vogel als einer der einflussreichsten Prediger des Salafismus in Deutschland. Vogel verbreitet seine Thesen über YouTube-Videos und auf öffentlichen Veranstaltungen. Wesentlicher Bestandteil seiner öffentlichen Auftritte sind inszenierte Konversionen. Als Redner referiert er meist über die Glaubenslehre im Allgemeinen, nimmt aber auch zu Einzelfragen Stellung. So verteidigt er eine strenge islamische Lebensführung der Frau. Er sieht das Kopftuch als verpflichtend an. Obwohl Vogel öffentlich immer wieder betont, dass er Gewalt gegen Unschuldige, Terroranschläge sowie Ehrenmorde für unvereinbar mit dem Islam halte, wurden seine Reden mehrfach als Hasspredigten eingestuft.

Vogel war Mitglied des Vereins Einladung zum Paradies e.V., dessen Leitung wiederum Lau im Jahr 2011 von dem Braunschweiger Muhamed Ciftci übernahm. Ciftci ist ein in Deutschland geborener Türke und gilt als einer der gefährlichsten Multiplikatoren salafistischen Gedankengutes in Deutschland. Angeblich entdeckte er seine Leidenschaft für die Predigt schon in jungen Jahren. Noch vor seiner Einschulung soll der Spross einer religiösen Familie im Koran gelesen haben. Schon bald nachdem er in Braunschweig eine Islamschule eröffnet hatte, geriet Ciftci ins Visier des Verfassungsschutzes. Es kamen Zweifel auf, ob das, was er dort lehrte, mit dem Grundgesetz vereinbar sei, oder ob er nicht vielmehr einen islamischen Staat anstrebe und seine Lehre darauf ausgerichtet sei, Demokratie und Rechtsstaat zu überwinden. Seine Predigten verbreitete er vorzugsweise auf YouTube, aber er reiste auch viel, predigte mal in Neuss, dann in Wuppertal oder auch in Paris. Schnell war seine Schule in Braunschweig bei Salafisten in ganz Europa eine bekannte Adresse. Etwa 250 Studenten unterrichtete er im Fernstudium. Außerdem war er Inhaber eines Verlags, der religiöse Schriften vertreibt.

All das beobachteten die Sicherheitsbehörden mit Argusaugen, ohne ihn jedoch gerichtlich belangen zu können. Aber es gab immer wieder Indizien, die Zweifel hervorriefen. »Ein junger Mann, der für die Sauerland-Gruppe Zünder nach Braunschweig schmuggelte, besuchte Ciftcis Moschee; der Attentäter Arid U., der im März zwei US-Soldaten am Frankfurter Flughafen tötete, listete laut Verfassungsschutz auch Ciftci als Freund bei Facebook. Eine Online-Plattform, auf der vernetzt ist, wer sich vielleicht nicht kennt – vielleicht aber doch. Für die Behörde ist auch das ein Stück zum Puzzle, das die Gefahr ›Salafismus‹ erkennbar machen soll«, schrieb der

Tagesspiegel im August 2011. Und weiter: »Nie sagt Ciftci, dass er die geltende deutsche Rechtsordnung nicht akzeptiere. Er geht auch zur Wahl. In einem Vortrag aber erklärte er zum Beispiel, jene, die sich vom Islam abwenden, sollten geköpft werden. Wenn ein Staat den Auftrag dazu gibt. Es war derselbe Vortrag, in dem er sagte: ›Allah ist der beste Gesetzgeber, es gibt keinen besseren.‹ Sein Verlag vertreibt ein Buch, *Die ideale Muslima*, das den unbedingten Gehorsam der Frau gegenüber ihrem Ehemann verlangt. Ein anderes Buch, das laut Verfassungsschutz Gewalt gegen Frauen rechtfertigte, nahm er angeblich aus dem Sortiment. Auch dies sind Puzzlestückchen für die Behörde.«

Mit der Zeit setzten die Behörden immer mehr solcher Puzzleteile zu einem größeren Bild zusammen. Nach Angaben des niedersächsischen Verfassungsschutzes befanden sich unter den Salafisten, die im Mai 2012 an gewalttätigen Ausschreitungen in Bonn und Solingen beteiligt waren, fünf Personen mit Beziehungen zur Islamschule von Ciftci. Darunter ist beispielsweise Murat K., der in Bonn zwei Polizeibeamte mit Messerstichen schwer verletzt hatte. Die Behörden fanden zudem heraus, dass Amid C., Mitglied einer al-Qaida-Zelle in Düsseldorf und angeklagt wegen der Planung eines Terroranschlags, zwischen 2008 und 2009 zeitweise an Ciftcis Schule studiert hatte. Auch der salafistische Prediger Sami A. aus Bochum, der laut einer Zeugenaussage früher ein Leibwächter von al-Qaida-Führer Osama bin Laden gewesen sein soll, war in dieser Zeit an der Braunschweiger Schule eingeschrieben. Sami A. wird vom nordrhein-westfälischen Verfassungsschutz als gefährlicher Salafist und ideologischer Brandstifter eingestuft. Obwohl Sicherheitsbehörden den Mann für gefährlich hielten, waren Ausweisungsversuche der Ausländerbehörde immer wieder gescheitert. Die Bundesanwaltschaft hatte zwar bereits im März 2006 ein Ermittlungsverfahren gegen den Tunesier eingeleitet, um den Anfangsverdacht der Mitgliedschaft in einer ausländischen terroristischen Vereinigung zu prüfen. Sie musste das Verfahren jedoch ein Jahr später wieder einstellen, »weil die Ermittlungen den Tatverdacht nicht mit der für eine Anklageerhebung erforderlichen hinreichenden Sicherheit erhärten konnten«, schrieb *Spiegel Online* im August 2012. Die *WAZ*-Gruppe berichtete damals, der Salafist stehe weltweit mit Mitgliedern des al-Qaida-Terrornetzwerks in Verbindung. Zu seinen Kontakten zählten auch Terroristen, denen führende Rollen bei den Anschlägen vom 11. September 2001 in den USA und auf der Ferieninsel Djerba im Jahr 2002 zugeschrieben werden.

Vor diesem Hintergrund dürfte die Frage berechtigt sein, welche Rolle Ciftci am Ende tatsächlich spielt? Jedenfalls war der niedersächsische Verfassungsschutz froh, als Ciftci das Bundesland verlassen wollte, um einen Verein in Mönchengladbach zu gründen. Der Name des Vereins lautete Einladung zum Paradies, in dem auch Pierre Vogel und Sven Lau Mitglieder wurden. Vom nordrhein-westfälischen Verfassungsschutz wurde diese Neugründung von Beginn an mit größter Sorge beobachtet. Der Verein kaufte ein größeres Areal einer Wohnsiedlung, und schon bald kam es zu Konflikten mit den Nachbarn. Als die Bürger erfuhren, wer sich dort ansiedeln wollte, gingen sie auf die Barrikaden. Ihr Kontrahent auf der Gegenseite war der Mönchengladbacher Lau. Zunächst war er zweiter Vorsitzender des Vereins und übernahm schließlich im März 2011 den Vorsitz von Ciftci, der alle Ämter niederlegte. Angeblich, weil er mit der Doppelbelastung überfordert war, zugleich den Verein in Mönchengladbach zu führen und die

Islamschule in Braunschweig zu leiten. Wenige Monate später, im August 2011, wurde der Verein endgültig aufgelöst.

Zu diesem Zeitpunkt gehörte Sven Lau längst zu den wichtigsten Salafisten in Deutschland. »Sven Lau ist binnen weniger Jahre zur Schlüsselfigur eines ganzen Milieus aufgestiegen. Er ist kein Charismatiker wie Pierre Vogel in Köln, Hassan Dabbagh in Leipzig oder Ibrahim Abou-Nagie in Bonn. Sven Lau ist der Drahtzieher im Hintergrund. Er ist weniger glamourös als die schrillen Sprecher der Bewegung. So wie er haben viele junge Männer Karriere im islamistischen Radikalismus gemacht«, schrieb die *Zeit* im Oktober 2011. Und weiter: »Götzendiener. Gottesfurcht. Rechtleitung. Paradies. Und Hölle, Hölle, immer wieder Hölle. Seit Abu Adam gegen das Höllenfeuer kämpft, ist er eine Persönlichkeit in seiner Stadt, verehrt und verachtet. Er liebt es, gehasst zu werden.«

Im Jahr 2014 landete er wohl seinen größten PR-Erfolg. Nach dem Beispiel britischer Salafisten formte Lau auch in Mönchengladbach eine Scharia-Polizei. Er machte sich nicht einmal die Mühe, eigene orangefarbene Westen anfertigen zu lassen, sondern bezog diese von seinen Salafisten-Freunden aus Großbritannien. Auf denen stand in englischer Sprache: Sharia Police. Obwohl Lau so gut wie keinen Aufwand betrieb, gelang ihm der große Coup. Er und seine Mitstreiter zogen nachts durch Wuppertal und versuchten, Jugendliche am Besuch von Discos und Spielhallen zu hindern. Jungen Frauen rieten sie, sich keuscher zu kleiden, Kopftuch zu tragen und am besten zu Hause zu bleiben. Außerdem versuchten sie Männer zu missionieren. »Deutschland spricht von ihm«, schreibt der *Focus*. Lau sei in aller Munde, »seit dem Medienrummel mit der Scharia-Polizei, die durch die Vergnügungsviertel von Wuppertal, Düsseldorf und Köln patroullierte, um Nachtschwärmer zum Einhalten der archaischen Regeln der Scharia (der islamischen Gesetze) zu drängen«. Mit dieser Aktion löste Lau eine aufgeregte Diskussion aus. Plötzlich fragten sich Gesellschaft und Politik, ob hier religiöse Sittenwächter nach dem Vorbild der IS-Terrortruppen in Syrien und im Irak durch deutsche Städte zogen. »Die Scharia wird auf deutschem Boden nicht geduldet. Niemand darf sich anmaßen, den guten Namen der deutschen Polizei zu missbrauchen«, sagte Innenminister Thomas de Maizière (CDU). Und Justizminister Heiko Maas (SPD) stellte klar: »Für die Durchsetzung von Recht und Gesetz ist allein der Staat verantwortlich.« Eine illegale Paralleljustiz werde man nicht dulden. Wenig später stellte das Land Nordrhein-Westfalen das Tragen der Scharia-Polizei-Westen unter Strafe.

Wie wenig tugendhaft die selbsternannten Sittenwächter tatsächlich waren, brachten Recherchen des *Focus* zutage. Demnach waren drei der Scharia-Polizisten vorbestraft: »So wurden zwei junge Scharia-Cops, gebürtig aus Bosnien-Herzegowina, im Juli 2013 wegen Raubüberfalls zu je knapp drei Jahren Jugendstrafe verurteilt. Die Revision vor dem Bundesgerichtshof läuft, das Urteil ist noch nicht rechtskräftig. Nur deshalb konnten die Täter an der Seite Laus mitmarschieren. Sabir I., ein dritter Kombattant, kassierte zuletzt 2007 wegen Raubes drei Jahre und drei Monate.« Von derlei Dingen will Lau angeblich nichts gewusst haben: »Wenn Leute zu mir in die Moschee kommen, frage ich sie nicht nach ihrem Strafregister.«

Seines Erfolges ist er sich indes wohl bewusst. »Die Behörden flippen aus, wenn ich mir eine Weste anziehe, wo hinten Scharia-Polizei draufsteht. Aber wenn sich sogar Angela Merkel dazu äußert, war das eine gelungene Aktion.« Schnell finden sich Nachahmer in anderen Städten, die Laus Beispiel folgen. »Bedecke deine Beine, oder willst du in der Gosse landen?«, rufen arabische Salafisten im Berliner Bezirk Kreuzberg einem Mädchen im Minirock hinterher. Im September 2014 berichtete die junge Hamburgerin Selin in der *Welt am Sonntag* von Jungs, die sie nur »die Extremisten« nennt. Junge Männer, die sich Bärte wachsen lassen und lange weite Röcke tragen, so wie es einst der Prophet Mohammed getan haben soll. Sie treffen sich abends in Cliquen an der Hauptstraße oder vor der Schule. »Ich traue mich nicht, vorbeizugehen«, erzählte sie. Und in Berlin-Kreuzberg hängen inzwischen Zettel an Läden und Laternenpfählen, die vor rassistischen Salafisten warnen: »Sie wollen unseren Kiez zum Heiligen Land mit Scharia-Recht machen. Wehret den Anfängen!«

Lau sagt, ihn hätten nach dem Wirbel um die Scharia-Polizei 4500 Mails pro Woche erreicht. »So viel Zuspruch hatten wir noch nie.« – »Der Islam geht nicht ohne Scharia«, ist Lau überzeugt. Dem *Focus* erzählt er, das Steinigen von Ehebrecherinnen gehöre genauso dazu wie das Handabhacken bei Dieben. Lau: »Die Scharia ist perfekt. Sie ist göttlich, nicht menschlich. Sie ist nicht barbarisch, sie ist Barmherzigkeit. Diese Maßnahmen, die Sie als barbarisch empfinden und die hier nicht umgesetzt werden, weil es die Scharia in Deutschland nicht gibt, sind dazu da, das Übel aus der Gesellschaft zu entfernen.« Und auf die Frage, ob er die Angehörigen des IS als Verbrecher bezeichnen würde, meint er: »Es kommt darauf an, wovon man spricht. Sie meinen das mit den Journalisten? (Anm.: Der IS köpfte unter anderem den US-Journalisten James Foley.) Ich weiß, worauf Sie hinauswollen. Ich soll sagen: Ich distanziere mich vom IS und deren Gräueltaten. Warum sollte ich das tun? Sie sind kein Glaubensbruder. Ich finde die Todesspritzen in Amerika ein Verbrechen. Sie finden das

Kopfabschneiden nicht legitim. Es wird immer nur auf uns geschaut.«

Doch das erscheint durchaus legitim. Denn der Salafismus hat seit den neunziger Jahren in Deutschland Wurzeln geschlagen. Guido Steinberg hat dies in seinem Buch *Al-Qaidas deutsche Kämpfer* sehr anschaulich dargestellt. Steinberg teilt darin die Entwicklung der Salafisten-Szene in unterschiedliche Phasen ein. Mitte der neunziger Jahre war in Deutschland weder vom Salafismus noch vom Islamismus die Rede. Kaum jemand konnte sich darunter etwas vorstellen. Das änderte sich mit den breiten Diskussionen um die Terroranschläge des 11. September 2001. Die Saat des Salafismus wurde jedoch bereits in den neunziger Jahren unbemerkt von der Öffentlichkeit und den Sicherheitsbehörden in muslimische Gemeinden hineingetragen. Erst später wurden die Hasspredigten des Marokkaners Mohammed al-Fazazi bekannt, der auch in der Hamburger al-Quds-Moschee predigte, wo die Attentäter des 11. September verkehrten. Als wichtige Lehrmeister des Salafismus in den neunziger Jahren nennt Steinberg den Deutsch-Syrer Hassan Dabbagh (alias Abul Hussain) in Leipzig und den Marokkaner Mohammed bin Hussain (alias Abu Jamal) in Bonn. Beide seien von geistesverwandten Korangelehrten und Predigern aus Nachbarländern wie den Niederlanden beeinflusst worden. In jener Zeit kamen häufig Islamgelehrte aus anderen Ländern zum Missionieren nach Deutschland. Es waren Prediger wie der radikale al-Fazazi, der inzwischen in Marokko zu dreißig Jahren Gefängnis verurteilt wurde, weil man ihn der Anstiftung zu den Bombenanschlägen in Casablanca im Mai 2003 für schuldig befand.

Mitte des vergangenen Jahrzehnts vollzog sich laut Steinberg die zweite Phase. In dieser Zeit wurde die salafistische

Lehre mit Erfolg unter jungen Muslimen im Land verbreitet. In allen großen deutschen Städten boten sie Seminare an. Seminare in deutscher Sprache für ein multiethnisches Publikum, die über das Internet verbreitet wurden und eine Vielzahl an Menschen erreichten. So bereiteten die Prediger den Boden für den Aufbau überregionaler Netzwerke. Bald schon stellte sich der Erfolg ein.

Denn mit der dritten, 2005 beginnenden Phase traten immer mehr junge talentierte Prediger auf den Plan, die die Muttersprache ihres Publikums beherrschten und so größeren Anklang fanden als importierte Imame. »Jetzt kommen die professionellen Populisten«, soll damals ein Polizist gesagt haben. Einer dieser professionellen Populisten war Pierre Vogel. Er wurde zum zentralen Kommunikator der Gruppe Die wahre Religion, die von dem Kölner Geschäftsmann Ibrahim Abou-Nagie gegründet wurde. Abou-Nagie war Vogels Mentor, bis die beiden sich zerstritten. Während Vogel und seine Anhänger zumindest öffentlich den Terrorismus verurteilten, forderte der von Abou-Nagie angeführte Flügel den Sturz der herrschenden Regime in der arabischen Welt. Außerdem rief er zum bewaffneten Kampf in Afghanistan und anderen muslimischen Gebieten auf. Vogel wandte sich nun dem Verein Einladung zum Paradies zu, während Abou-Nagie die Gruppe Die wahre Religion weiterführte.

Über das in diesen Gruppen gepredigte radikale Gedankengut sollte man sich keinerlei Illusionen machen. Die Antworten, die die Journalistin Friederike Haupt im November 2014 auf ihre eingereichten Fragen für einen Artikel in der *Frankfurter Allgemeinen Sonntagszeitung* von Abou-Nagie erhielt, sprechen Bände. Sie sprach Abou-Nagie unter anderem auf die Aussagen des IS-Propagandamagazins *Dabiq* an, wo es in einem Artikel über die Vorzüge der Sklaverei hieß, Allah habe den Muslimen die Erlaubnis, ja sogar den Auftrag gegeben, die Frauen der Ungläubigen zu versklaven und Sex mit ihnen zu haben. Wer das leugne, leugne den Koran und die Worte des Propheten. Anstatt selbst zu antworten, verschickte Abou-Nagie zwei Links mit dem Hinweis: »Hier finden Sie die Antwort auf Ihre Fragen.« Die Links führten auf die Internetseite www.islamqua.info und dort zu der Frage, was die Regeln für die Intimität mit Sklavinnen sind: »Wenn man für Allah gekämpft oder Geld für sie bezahlt hat, darf man intim werden mit ihr.« Als Quelle wird auf die Suren 23 und 70 verwiesen, in denen steht, dass Frauen »von Rechts wegen« besessen werden dürfen. Zudem findet sich auf der Homepage ein Verweis auf die Frage, ob man Sex mit einer Sklavin haben dürfe, obwohl man eine Ehefrau hat: Auch hier lautet die Antwort »ja«. In einer sehr langen Begründung werden verschiedene Stellen aus dem Koran zitiert, zum Beispiel Sure 4 und Sure 33, wo ebenfalls steht, dass man neben seiner Frau auch Sklavinnen und Kriegsgefangene heiraten dürfe. Darüber hinaus leitete die Journalistin die Frage einer muslimischen Frau weiter: »Ich habe immer in der Annahme gelebt, dass ich zunächst ein Mensch sei und dann eine Frau, aber seit ich verheiratet bin, werde ich wie ein Objekt zur Befriedigung des Mannes behandelt. Ist es das, was Allah für uns vorgesehen hat?« Antwort: »Weder Sklavinnen noch freie Frauen dürfen sich ihrem Mann entziehen, wenn er sie will, außer sie menstruieren gerade oder sind so krank, dass Geschlechtsverkehr ihnen schaden würde.« Als Quelle dafür werden gleich mehrere muslimische Gelehrte namentlich genannt, unter anderem Ibn Hazm.

Abou-Nagie betreibt sein Handwerk mit größter Sorgfalt. Indem er auf eine andere Internetseite verweist, kann ihm niemand vorwerfen, diese Antworten stammten von ihm. Juristisch wird es keine Rolle spielen, dass er diese inhaltlich voll unterstützt. Er kann sich auch in die Kölner Fußgängerzone stellen und Schwulen mit der Hölle drohen. All das ist nicht strafbar. Aber es ist mehr als besorgniserregend, dass dieser Mann immer noch Islamunterricht für Kinder gibt und Korane verteilt, die mutmaßlich von Saudi-Arabien finanziert werden.

Wer nun glaubt, der Salafismus ziehe ausschließlich junge Männer in seinen Bann, der irrt. Inzwischen übt dieses archaische Glaubens- und Gesellschaftsverständnis auch eine starke Anziehungskraft auf Mädchen und junge Frauen aus. Sie sind bereit, sich einem sadistischen Autoritarismus zu unterwerfen, der sie zu Prostituierten und Gebärmaschinen erniedrigt. Im September 2013 machte Tunesiens Frauenministerium erstmals auf diese Entwicklung aufmerksam, die heute auch den deutschen Sicherheitsbehörden erhebliches Kopfzerbrechen bereitet. Die Tunesier wiesen darauf hin, dass sich immer mehr junge Frauen, oftmals noch Kinder, zum sogenannten Sex-Dschidhad in die Kriegsgebiete Syriens und des Irak aufmachten. Die jungen Frauen gingen in der Hoffnung, dort einen Mann zu finden und den Dschihadisten Kinder zu schenken. Seither machen sich nicht nur Mädchen aus Nordafrika, sondern aus allen Teilen Europas auf den Weg in den Sex-Dschihad. Kaum eine der jungen Frauen, die dem zweifelhaften Ruf der IS-Krieger folgen, weiß, auf welches Martyrium sie sich einlässt. Am Ende ist ihr Schicksal vergleichbar mit dem vieler osteuropäischer Mädchen, die von Menschenhändlern an skrupellose Zuhälter vermittelt und in deutschen Bordellen unter katastrophalen Bedingungen gefangen gehalten werden. So wie die osteuropäischen Mädchen in der Hoffnung auf Arbeit den Versprechen der Menschenhändler folgen, so folgen viele junge Muslimas den zweifelhaften Heiratsversprechen der Terroristen. Doch der Traum von Ehe, Kindern und Glück zerplatzt meist bereits bei ihrer Ankunft in den Kriegsgebieten. Denn viele Ehen werden auf Zeit geschlossen, Ehen, die oftmals kaum länger halten als die Zeit des Beischlafes, so tunesische Behörden. Die Frauen werden praktisch von einem Krieger zum nächsten weitergereicht. »So haben sie in Syrien sexuelle Beziehungen mit zwanzig, dreißig, ja bis zu hundert IS-Kämpfern«, sagte der tunesische Innenminister Lotfi ben Jeddou im tunesischen Parlament. Viele von ihnen kommen schwanger in ihre Heimat zurück. Verstärkte Grenzkontrollen sollen nun die Reisen in den heiligen Sex-Krieg stoppen.

»Frauen gebären, erziehen und verpflegen die zukünftigen Märtyrer nicht nur, sondern sie stellen auch ihre Körper in den Dienst ›der höheren Sache‹«, schreibt die deutsche Menschenrechtlerin Serap Çileli in ihrem Blog. »Manche von ihnen sind kaum dreizehn Jahre alt und stammen meist aus Afghanistan, Irak, Tunesien und Syrien.« Wie schon bei den Dschihadisten spielt die Türkei auch beim Sex-Dschihad eine höchst unrühmliche Rolle. Denn der Großteil der Mädchen gelangt über die türkische Grenze nach Syrien. Die Reisekosten für die »Freiwilligen« werden laut Çileli mit Geldern aus Katar bezahlt, wie Recherchen der UN zeigten. Mit Katar wäre damit ein enger Verbündeter des Westens als Menschenhändler und Handlanger des IS identifiziert. Und ein Saudi legitimiert angeblich das unwürdige Treiben durch ein religiöses Rechtsgutachten. Im Sommer 2013 berichtete die staatliche iranische Nachrichtenagentur *Fars News* von einer Fatwa, die »al-Qaidas Frauen Geschlechtsverkehr mit Mitgliedern der IS-Organisation erlaubt, um deren Moral zu heben«. Zugeschrieben wurde die Fatwa dem saudischen Scheich Muhammad al-Arifi.

Reiche Saudis sind auch an der Ausbreitung des Salafismus in Deutschland beteiligt. Mit ihrem Geld konterkarieren sie die Bemühungen des Rechtsstaats, ohne dass dies jemals Folgen für die deutsch-saudischen Beziehungen gehabt hätte. »Die salafistische Bewegung in Deutschland wäre ohne den saudischen Einfluss niemals so groß geworden«, sagte Benno Köpfer, Islamwissenschaftler beim baden-württembergischen Verfassungsschutz, im Juli 2011 der *Frankfurter Allgemeinen Sonntagszeitung*. Missionsbüros, Islamseminare, Infotische und zum Teil auch die Propaganda im Internet seien nur durch die finanzielle und logistische Unterstützung aus dem Emirat möglich. »Saudi-Arabien gibt dafür sehr viel Geld aus«, so Köpfer. Und nicht nur junge Männer, sondern auch Frauen fallen auf diese Propaganda herein. Angelockt werden sie von Internetseiten, die ihnen das Leben in der Kampfzone als trivialen Liebesroman vorgaukeln, aber in Wahrheit nichts anderes sind als Heiratsmärkte.

Eine dieser Seiten ist der Blog einer Deutschen. Die Seite heißt »Muhajira« (»Auswanderin«). Unter dem Titel »Eine wahre Heldin« berichtet sie von ihrem Leben »auf dem Boden des Dschihad, dem Boden der Ehre«. Dort beschreibt sie ihre Reise nach Syrien wie eine Geschichte aus einem Bilderbuch und schwärmt: »Endlich darf ich frei sein, meinen Niqab tragen, so wie ich will, ohne Spott zu sehen und zu hören.«

Unter der Überschrift »Medina al Ansariyya, die baldige Braut eines Mujahids«, also eines Dschihadisten, finden junge Mädchen in Deutschland dort zum Besipiel die folgende Geschichte:

»Viele sind aus dem Dorf geflohen und fanden Zuflucht in den Flüchtlingslagern wie Osmaniyye, Antakya und weiteren Orten. Einige wenige blieben im Dorf zurück. Dreisterweise werden jene, welche in diesem Dorf hier nicht flohen, von jenen ausgelacht, welche in die Zelte (Flüchtlingslager) flohen. Medina und ihre Mutter jedoch fanden ihren Weg aus dem Flüchtlingslager zurück in das Dorf. Der Bruder Medinas ist selbst Mujahid. Um ihn nicht alleine zu lassen, sind Medina und ihre Mutter wieder zurückgekommen, obwohl der Bruder manchmal für mehrere Wochen nicht da ist und nur zur Urlaubszeit nach Hause kommt.

Oft spähten Medina und ihre Mutter nach uns. Von den Dorfbewohnern wussten sie, dass sie neue Nachbarn hatten. Doch sie trafen uns nie. Ihre Einsamkeit trieb sie auf das Dach des Hauses (in den muslimischen Ländern ist es üblich, auch auf dem Dach zu sitzen und Tee zu trinken), um nach uns Ausschau zu halten und uns kennenzulernen. Als ich mit Umm Hira bei mir zu Hause saß, klopfte es an der Türe. Ich öffnete meine Türe. Eine Mutter und ihre junge Tochter standen da und brachten uns Gebäck. Wir baten sie rein und lernten uns bei einer Tasse Kaffee kennen.

Seit diesem Tag besuchten sie uns sehr oft und brachten fast täglich etwas vorbei, was sie an diesem Tag kochten. Manchmal sogar frisches warmes Brot. In kurzer Zeit entstand eine Freundschaft zwischen Medina, ihrer Mutter und uns, den Muhajiras. Sie haben zu uns sogar mehr Vertrauen als zu anderen Dorfbewohnern. Die Mutter Medinas wollte sogar für ihre Tochter einen Bräutigam, der so ist wie unsere Männer, d. h. einen Muhajir und Mujahid.

Alhamdulillah (Anm.: ›Gott sei Dank‹), und so kam es, wie es kommen sollte. Da es hier sehr viele unverheiratete Mujahidin gibt, fanden wir einen passenden Bruder für Medina. (...) Sie lieh sich aus einer nahe gelegenen Stadt ein Hochzeitskleid aus und kaufte sich ein paar neue schöne Kleider zusammen mit ihrem Mann für die Ehe. Die Männer versammelten sich am Tag der Hochzeit vor dem Haus der Braut und schossen mit ihren Waffen. So feiern die Mujahidin die Hochzeit ihres Bruders. Wir Schwestern von den Muhajirin und den Ansar feierten im Haus. (…) Selbst der Garten zeigte sich in einem schönen Bild: Rosen, rot, rosa, wunderschön hoch wachsend. In der Nähe der Rosen fielen in den vergangenen Tagen Bombensplitter. Na'am (Anm.: ›Ja‹), auf unserem Boden schlagen die Bomben ein, und aus diesem selben Boden sprießen dennoch Rosen. So auch mit dem Blut der Schuhada (Anm.: ›Märtyrer‹), das in diesen Boden sickerte und den Boden nährte, so wird inshaAllah (Anm.: ›So Gott will‹) auf diesem Boden die Khilafa (Anm.: ›das Kalifat‹) entstehen. Ob unser Blut auch in diesen Boden sickern wird?«

Mit solchen Geschichten wird der Krieg im deutschen Internet glorifiziert. Die Mädchen sehen sich als Bräute von Rittern, die für eine heilige Sache sterben. Sie verdrängen die abscheuliche Realität des Krieges und ersetzen sie durch eine romantisierende Vorstellung von Kriegerfrauen im Dienste einer vermeintlich »heiligen Sache«. Auf perfide Art und Weise verkehren diese Blogs das Böse und das Gute, Recht und Unrecht, Freiheit und Unfreiheit. In ihren Postings von der Front verdrehen sie auf subtile Weise die brutale Unterdrückung und Ausbeutung der Frau in ein absurdes Märchen aus Trugbildern, falschen Versprechungen und trivialen Lügen. Sie arbeiten mit primitivsten Mitteln und sind dennoch erfolgreich.

In einem anderen Post schreibt die »Ausgewanderte«: »Ich habe Fortschritte gemacht. Nun hab ich gelernt, selbst Brot zu backen. Man soll ja schließlich nicht nur für den Ehemann schön und intelligent sein, sondern auch eine gute Köchin, die frisches Brot backen kann. (…) Parallel zu meinem neuen

Hobby erreichte mich eine traurige Nachricht, die eigentlich nicht sein müsste. Aber wir sagen dazu Qadar Allah wa masa'a fa'al, Allahs Bestimmung, und was Er beschließt, das setzt Er um.

Eine Schwester von uns ist in den Händen der deutschen Kuffar (Anm.: ›Ungläubige‹) gelandet. Aghudhubillah! (Anm.: Ich suche Hilfe bei Allah!) Das tut weh, dies in deren Medien zu lesen. Ich bin ein Gegner von Rückreisen aus dem Boden des Dschihad zurück in die Länder der Kuffar. Wenn diese Leute über deine Reise Wind bekommen, steht dein Name sicher in deren Terroristenliste.«

Die deutschen Sicherheitsdienste kennen die Internetseite der »Auswanderin« sehr gut, aber sie sind machtlos. Denn diese Internetseiten liegen auf Servern, auf die deutsche Sicherheitsdienste keinen Zugriff haben. Die ungeheure Macht der »Seelenfänger im Namen Allahs« erklärte der Terrorismusforscher Peter Neumann vom Londoner Kings College dem *Spiegel* im Februar 2015 so: »Die jungen Mädchen fallen auf eine uralte romantische Idee herein: hier der strahlende Ritter, dort die erwählte Prinzessin an seiner Seite.« Von vielen Mädchen würden die Kämpfer längst wie »Popstars« verehrt. »Um sie wollen sich die Mädchen kümmern, mit ihnen wollen sie zusammen sein.«

Nach Erkenntnissen der Sicherheitsbehörden haben bis Februar 2015 rund hundert Frauen aus Deutschland den Weg in die IS-Lager nach Syrien angetreten. Doch nicht alle gingen als Heiratssuchende, manche begleiteten ihren Mann in den Krieg. Eine von ihnen ist die 17 Jahre alte Fatma B. aus Augsburg. Sie soll zusammen mit anderen in den Bann einer Werberin für den Salafismus geraten sein. Im Internet lernte Fatma einen Marokkaner kennen, den sie heiraten wollte. Im Dezember 2013 verschwand sie, da war sie gerade einmal 16 Jahre alt. Eine Vermisstenanzeige des Vaters bei der Polizei führte zu keinem Ergebnis. Einen Monat später machte er sich selbst auf die Suche. Er reiste in die Türkei und von dort nach Syrien. Schließlich fand er seine Tochter in der Stadt Latakia. Sie war dort im sogenannten Deutschen Haus. So nennen die Ermittler die Anlaufstelle für Dschihadisten aus der Bundesrepublik in dieser Region. Es gelang dem Vater, seine Tochter zur gemeinsamen Rückkehr zu bewegen. Doch nur wenig später machte sich seine älteste Tochter auf den Weg zu einem Salafisten nach Ostwestfalen, der die Steinigung untreuer Frauen rechtfertigt. Und so dauerte es nicht lange, bis auch Fatma wieder verschwand. Nach Informationen der Sicherheitsbehörden ist sie wieder in Syrien. Inzwischen ermittelt die Staatsanwaltschaft gegen sie, die Polizei hat sie als Gefährderin eingestuft.

Ähnlich machtlos war auch ein Vater von zwei 15 und 19 Jahre alten Töchtern aus dem Ruhrgebiet. Als er das Abdriften seiner Töchter bemerkte, habe er sich an die Polizei gewandt, berichtete der *Spiegel* im Februar 2015. Schließlich rissen die beiden tatsächlich aus, schafften es jedoch nur bis in die Abflughalle des Düsseldorfer Flughafens: »Als die Eltern kamen, um die Geschwister in die Arme zu schließen, schlug ihnen jedoch nur Wut entgegen. Die Mädchen trommelten auf Vater und Mutter ein. ›Ich schlage dir den Kopf ab!‹, schrie eine. Und: ›Ich bring dich im Schlaf um!‹«

Anfang Mai 2013 reiste die Bonnerin Karolina R. gemeinsam mit ihrem Bruder, ihrem Mann und dem gemeinsamen sieben Monate alten Sohn nach Syrien. Zurück ließ sie einen Computer, auf dem die Polizei die Nachricht fand, sie wolle »unter der Herrschaft der schwarzen Flagge« leben, »unter der Flagge des Islam«. In Syrien kochte und putzte Karolina R.

nicht nur für ihren Mann und ihren Bruder, sondern schrieb auch Internetbotschaften, die andere junge Mädchen zur Reise in die Kriegsgebiete bewegen sollten. Als es in ihrem Haus brannte, kam sie mit ihrem Sohn nach Deutschland zurück. Sie wurde sofort festgenommen und musste sich vor dem Oberlandesgericht Düsseldorf wegen Unterstützung einer ausländischen terroristischen Vereinigung verantworten.

Auch Andrea B. aus Immenstadt im Allgäu kam nach ihrer Rückkehr aus den Kriegsgebieten in Haft. Sie war 2012 vermutlich wegen ihres türkischen Lebensgefährten vom Katholizismus zum Islam konvertiert. »Sie lief fast nur noch vermummt durch die Straßen. Auch bei 30 Grad im Sommer«, erzählten Nachbarn der *Bild*-Zeitung. Über das Internet lernte sie dann eine Frau aus Hessen kennen, deren Mann als Gotteskrieger in Syrien für den al-Qaida-Ableger al-Nusra-Front kämpfte. Irgendwann entschied sich Andrea B., den Terror dieses Mannes zu unterstützen. Sie packte ihre beiden Töchter im Januar 2014 ins Auto und fuhr mit ihnen über Bulgarien und die Türkei nach Syrien. Dort wurde die Allgäuerin nach islamischem Recht Zweitfrau des Ehemannes ihrer hessischen Freundin. Sie lebten wie eine Familie in einem Haus. Andrea B. ließ sich sogar an der Waffe ausbilden. Auf Fotos, die sie ins Internet stellte, machten ihre beiden Töchter einen zunehmend verwahrlosten Eindruck. Der türkische Vater zeigte Andrea B. in Immenstadt wegen Kindesentführung an. Als sie im Mai 2014 mit ihren Kindern nach Deutschland zurückkehrte, wurde sie sofort am Frankfurter Flughafen festgenommen.

Schon früh dachten US-Geheimdienste darüber nach, wie sie den Sex-Dschihad für ihre Zwecke nutzen könnten. Sie suchten nach Möglichkeiten, die Frauen der Dschihadisten als Quellen zu gewinnen. Angeblich soll es ihnen gelungen sein, eine FBI-Agentin in die IS-Kampfzone einzuschmuggeln. Mehr noch: Die Agentin wurde angeblich direkt auf den deutschen Terroristen Deso Dogg aus Berlin-Kreuzberg angesetzt. »Die Romeo-und-Julia-Aktion verlief planmäßig: Der deutsche ISIS-Terrorist verliebte sich in die US-Agentin. Er heiratete sie nach islamischem Ritus. Die Falle schnappte zu: Die Top-Spionin, die akribisch auf den heiklen Einsatz vorbereitet worden war, erfuhr immer mehr aus dem Innenleben der ISIS«, berichtete die *Bild am Sonntag* im Februar 2015. Demnach soll die Agentin regelmäßig wichtige Informationen über die Terroristen in die USA geliefert haben. Sie sei ihrer Enttarnung durch eine rechtzeitige Flucht in die Türkei entkommen.

V.
Förderer des Terrors

Mit den Anschlägen von Paris und Kopenhagen im Januar beziehungsweise Februar 2015 wurde überdeutlich, dass sich die Methoden der Terroristen gravierend geändert haben. Bis zu diesem Zeitpunkt schien die Mörderbande des IS weit weg, doch nun ist auf beängstigende Weise klargeworden, dass die Killer längst unter uns leben. Was aber die wenigsten wahrhaben wollen, ist der Umstand, dass der Westen gemeinsam mit seinen Verbündeten in den arabischen Ländern diese Killer ausgebildet und ausgerüstet hat. Unsere Demokratie und unser Rechtssystem werden also von Feinden bedroht, die wir selbst erst in die Lage versetzt haben, uns gefährlich werden zu können.

Wer diese Entwicklung verstehen will, muss weit zurückblicken. Mit dem Ende des Osmanischen Reiches 1923 keimte die Sehnsucht nach einem neuen Kalifat auf. In der gesamten muslimischen Welt entstanden islamistische Bewegungen, die durch die Umwandlung der ehemaligen arabischen Kolonien in Nationalstaaten zusätzlichen Auftrieb bekamen. Zum Sündenfall des Westens aber kam es Anfang der achtziger Jahre in Afghanistan. Damals sahen die USA die Chance, die Sowjetunion in einen aussichtslosen Krieg mit den Taliban zu verwickeln. Als die ersten sowjetischen Truppen am 25. Dezember 1979 die Grenze zu Afghanistan überschritten, sagte der Sicherheitsberater des damaligen US-Präsidenten Jimmy Carter, Zbigniew Brzeziński, laut *Nouvel Observateur*: »Wir haben jetzt die Gelegenheit, der Sowjetunion ihren Vietnamkrieg zu verpassen.« Seine Rechnung ging auf. Tatsächlich musste das sowjetische Militär letztlich demoralisiert und geschwächt abziehen. Letztlich trug der Krieg in Afghanistan zur Schwächung Moskaus und zum Sieg des Westens im Systemkampf bei. Gleichzeitig aber hatte sich der Westen einen Feind geschaffen, den er heute mehr fürchtet als alles andere auf der Welt.

»Die USA bemühten sich gemeinsam mit ihrem treuen Bündnispartner Saudi-Arabien um Einfluss auf die mit dem Islamismus sympathisierenden bürgerlichen Schichten der arabischen Länder. Sie nahmen an, das Bürgertum könne die radikalisierten Jugendlichen aus den Städten neutralisieren«, schreibt Günther Lachmann in seinem Buch *Tödliche Toleranz*. Auf der anderen Seite unterstützte die Sowjetunion die Khomeini-Revolution im Iran. Sie hoffte wohl, daraus eine antiimperialistische und antikapitalistische Bewegung schmieden zu können. »Die einzigen Profiteure dieser Strategie waren letztlich die Islamisten, die zwar das Geld nahmen, sich aber ansonsten weder von der Sowjetunion noch von den USA vereinnahmen ließen«, so Lachmann. Nach dem Einmarsch der Sowjetunion in Afghanistan begannen die USA damit, die Aufständischen über Pakistan mit Waffen zu versorgen. Das Geld hierzu kam aus Saudi-Arabien, das wiederum das Ziel verfolgte, seinen puritanisch fundamentalistischen Islam zu verbreiten. »Der Kampf der Muslime gegen die Kommunisten solidarisierte die Bevölkerung in den arabischen Staaten gegen einen gemeinsamen Feind. Saudis, Muslimbrüder und die pakistanische Partei Jama'at-i Islami begannen damit, aus allen Ländern Nachschub für die Mudschahidin zu rekrutieren. Eine Aufgabe, die ihnen vor allem in Ägypten nicht schwerfiel. Denn dort waren die Islamisten nirgendwo mehr vor der Geheimpolizei sicher«, so Lachmann.

Unterstützt von der US-Rüstungsmaschinerie richtete der aus Jordanien stammende palästinensische Islamist Abdullah Azzam 1984 im pakistanischen Peschawar eine Rekrutierungsstelle ein. Finanziell unterstützte ihn die saudische Führung. Ein anderer Saudi unterstützte die Mudschahidin nicht nur finanziell, sondern wurde ihnen ein guter Freund und Mitkämpfer: Osama bin Laden. In sein Ausbildungslager zog es nicht nur gläubige und fanatische Islamisten, sondern auch jede Menge Kriminelle, die in ihren Heimatländern polizeilich gesucht wurden. Sie alle wurden im Grenzgebiet zu Afghanistan militärisch ausgebildet und mit Schnellfeuergewehren, Handgranaten sowie Panzerabwehrwaffen ausgerüstet. Die westliche Unterstützung für die Aufständischen in Afghanistan erreichte Mitte der achtziger Jahre einen Wert in dreistelliger Millionen-Dollar-Höhe, schrieb *German-Foreign-Policy* im Internet. Die Dschihadisten profitierten aber nicht nur von der qualitativ hochwertigen militärischen Ausbildung, sondern vor allem auch davon, dass der Dschihad gegen die Sowjetunion ihnen erstmals die Gelegenheit bot, sich gemeinsam transnational zu organisieren und eine gemeinsame Ideologie und gemeinsame Zielvorstellungen zu entwickeln. Dabei halfen ihnen nicht nur die Saudis und die USA, sondern auch deutsche Sicherheitsdienste. »An der allgemeinen westlichen Unterstützung für den Dschihad am Hindukusch hat sich auch die Bundesrepublik beteiligt – über den Bundesnachrichtendienst (BND), polizeiliche Spezialkräfte und die Bundeswehr«, schreiben Peter F. Müller und Michael Müller in ihrem Buch *Gegen Freund und Feind. Der BND: Geheime Politik und schmutzige Geschäfte.* Weiter: »Nahe Peschawar bildeten GSG-9-Beamte Gotteskrieger (…) aus. Arabische Freiwillige erhielten auch Training und Unterweisung im pakistanischen Caman und sogar in Oberbayern.« Und: »In Afghanistan selbst waren ein Sanitätsoffizier und ein Major des Amtes für Nachrichtenwesen der Bundeswehr unterwegs, um Mudschahidin-Gruppen zu unterstützen.« Angeblich hat der Sanitätsoffizier sogar eine Zeitlang in unmittelbarer Nachbarschaft zu Osama bin Laden gelebt. Einige deutsche Agenten und Elitesoldaten seien gar mit den Aufständischen durch das Gebirge gezogen und dabei zuweilen in Feindkontakt geraten. Der Bundestag sei darüber nicht informiert gewesen, die Öffentlichkeit war es eh nicht.

Unterm Strich habe die Bundesrepublik nicht nur dazu beigetragen, dem Dschihadismus zum Durchbruch zu verhelfen, resümiert *German-Foreign-Policy.* Sie habe auch in jüngerer Zeit immer wieder politischen Nutzen aus Offensiven gewalttätiger Dschihadisten gezogen, die von ihren engsten Verbündeten im Mittleren Osten unterstützt wurden. »Dies ist auch insofern bemerkenswert, als Berlin sich seit dem 4. Oktober 2001 in einem erklärten Antiterrorkrieg befindet, in diesem Rahmen sogar schwerste Menschenrechtsverletzungen toleriert wie auch aktiv begünstigt hat und dem Eindruck Nahrung gibt, in versöhnlicher Feindschaft zum Dschihadismus zu stehen. Letzteres ist allerdings nur dann der Fall, wenn die Dschihadisten sich gegen den Westen respektive gegen westliche Interessen wenden.«

Beim Abzug der sowjetischen Truppen 1989 stand »eine schwer bewaffnete, kampferprobte Truppe am Hindukusch, die plötzlich ›arbeitslos‹ war. Die USA hatten kein Interesse mehr an ihnen«, schreibt Lachmann. Eigentlich hätte es niemanden überraschen dürfen, dass sich diese Männer, die zu Hause unerwünscht waren, neue Kampfplätze suchen würden. Ein Teil von ihnen ging damals nach Algerien und gründete dort die salafistische Terrororganisation GIA, die einen verheerenden Bürgerkrieg vom Zaun brach. Von Algerien kam die Idee des Gottesstaates nach Frankreich, wo sie bis heute in der algerisch-muslimischen Bevölkerung lebendig ist.

Nachdem der US-Feldzug den Irak vollständig destabilisiert hatte, stieß al-Qaida in das entstandene Machtvakuum und stürzte das Land ins Chaos. Das Geld für ihren blutigen Bombenkrieg bekam die Terrororganisation weiterhin von den Saudis – einem engen Verbündeten der USA. »Saudi-Arabien bleibt ein entscheidender Geldgeber von al-Qaida, den Taliban und anderen Terrorgruppen«, urteilte die damalige US-Außenministerin Hillary Clinton laut Wikileaks im Jahr 2009. Aber auch US-Diplomaten beklagten wiederholt, dass Geldgeber aus Saudi-Arabien »die bedeutendste Quelle bei der Finanzierung sunnitischer Terrorgruppen weltweit« stellten. Saudische Offizielle zu überreden, den Stopp dieser Aktivitäten zu einer Priorität zu machen, sei eine »andauernde Herausforderung«.

Dieser Freund-Feind-Widerspruch ist bis heute nicht aufgelöst. Bis heute betrachtet der Westen die Saudis als Verbündete. Da scheint es keine Rolle zu spielen, dass 15 der 19 Attentäter vom 11. September 2001 aus dem Emirat stammten. Mittlerweile sind nach Schätzungen diverser Geheimdienste 3000 bis 4000 junge Saudis in Syrien auf dem heiligen Kriegspfad, die meisten in den Reihen der schwarzen Kommandos des Islamischen Staates. Dabei nimmt die Finanzierung des Terrors geradezu absurde Züge an: So, wie Familien in Europa Patenschaften für Kinder in Entwicklungsländern übernehmen, übernehmen reiche Araber Patenschaften für die Killer des IS: »2400 Petrodollar kostet die Patenschaft für einen Gotteskämpfer, auf Wunsch wird die Spende von den Terror-Rekrutierern auch mit einem Kurzvideo des jungen Mannes in Aktion honoriert«, schrieb der Nahost-Korrespondent der *Zeit*, Martin Gehlen, im Juli 2014. »Entsprechend überschwenglich war der Jubel in Sponsorenkreisen nach dem Blitzmarsch der bestens ausgestatteten IS-Kolonnen gen Bagdad. ›Was im Irak passiert, ist eine Revolution des Volkes gegen Unterdrückung und Tyrannei‹, twitterte ein kuwaitischer Scheich, der seit zwei Jahren mit Geldkoffern zu ›seinen Brigaden nach Syrien‹ reist.« Gehlens Bericht ist eine rühmliche Ausnahme, denn normalerweise wird in deutschen Medien kaum darüber berichtet, wie tief die Alliierten des Westens in den grausamen Terror verstrickt sind. Und niemand störte sich daran, dass der frühere Bundespräsident Christian Wulff auf Wunsch der Bundeskanzlerin zur Trauerfeier des verstorbenen saudischen Monarchen Abdullah fuhr. Dabei wäre das ein guter Anlass gewesen, die Bigotterie beider Seiten aufzudecken.

Experten von der Stiftung Wissenschaft und Politik (SWP) warnten bereits im Frühjahr 2012, wer wie die Bundesregierung mit arabischen Emiraten wie Katar kooperiere, »muss sich bewusst sein, dass er zielstrebig Organisationen und Personen fördert, die keine Demokraten sind«. Immerzu verfolgte der Westen mit dieser Politik dasselbe Kalkül: Es ging darum, in Ungnade gefallene Staatschefs zu beseitigen. So war es bei Saddam Hussein im Irak, so war es beim libyschen Revolutionsführer Muammar al-Gaddafi, und so ist es bei dem syrischen Staatschef Baschar al-Assad. Dabei wurde die Zerstörung ganzer Länder in Kauf genommen. Und bei der Wahl der Mittel steht der Westen den arabischen Despoten kaum nach.

Ein plakatives Beispiel dafür, wie sich der Westen einerseits der von ihm ausgebildeten Dschihadisten bedient und sie andererseits wieder bekämpft, liefert ebenfalls *German-Foreign-Policy*. Es ist die Geschichte des Libyers Hakim Belhaj. 1988 zog er über Saudi-Arabien nach Afghanistan und beteiligte sich dort am Dschihad – auf der Seite des Westens. Vier Jahre später kehrte er nach Libyen zurück, um dort 1995 mit der Libyan Islamic Fighting Group (LIFG) einen Aufstand gegen Gaddafi anzuzetteln. Dabei sei er sowohl vom britischen Auslandsgeheimdienst MI6 als auch von Osama bin Laden unterstützt worden. In der Hochzeit des Antiterrorkampfes änderte der Westen sein Verhältnis zu Belhaj grundsätzlich. Die CIA nahm ihn fest, misshandelte ihn und verschleppte ihn nach Libyen, wo er in Folterhaft landete und erst 2010 wieder freikam. Als der Westen dann Gaddafi stürzen wollte, sei auch Belhaj wieder für ihn interessant geworden. »Als dieser eine dschihadistische Brigade gründete, um sich am Aufstand zu beteiligen, wurde sie unter den Augen westlicher Geheimdienste vom Emirat Katar hochgerüstet. Zum dritten Mal nach 1988 und 1995 trat er an der Seite des Westens in den Kampf gegen eine missliebige Regierung ein. Das neue Bündnis des Westens mit Belhaj und weiteren Dschihadisten hat zur Zerstörung Libyens beigetragen – und dazu, dass das Land heute eine Hochburg gewalttätiger Islamisten ist: Der Islamische Staat hat sich inzwischen in Ostlibyen festgesetzt.«

Gotteskrieger des Afghanistan-Feldzugs spielen heute auch im Syrienkrieg für den Westen eine wichtige Rolle. Abu Barsi al-Tartusi war in den achtziger Jahren ein Weggefährte von Abdulla Azzam und forderte von Anfang an den bewaffneten Kampf gegen Syriens Staatschef Assad. Ein weiterer Name ist Abu Khalid al-Suri, der bis zu seinem Tod im Syrienkrieg enge Kontakte zu al-Qaida-Führer Ayman al-Zawahiri unterhalten haben soll.

Auch oberhalb der Ebene der Krieger ist nach wie vor das alte Personal im Einsatz. So hat sich die Bundesregierung nach Informationen von *German-Foreign-Policy* wegen des Syrien-Krieges Rat beim saudischen Prinzen Turki al-Faisal geholt. Faisal hatte seine Finger bereits beim Afghanistan-Feldzug im Spiel. Damals war er Chef des saudischen Geheimdienstes und koordinierte die Verteilung westlicher und saudischer Unterstützungsleistungen an die Dschihadisten. Er soll auf bin Laden große Stücke gehalten haben. »Er sprach wenig und erhob nie seine Stimme«, zitiert *German-Foreign-Policy* sein Urteil über bin Laden. Und weiter: »Kurzum, er war ein netter Kerl.« Prinz Turki al-Faisal soll beste Kontakte in die Berliner Politik unterhalten und dem Advisory Council der Münchner Sicherheitskonferenz angehören.

Welches Bild werden die vom Westen bestens ausgebildeten und hochgerüsteten Terroristen des IS, der al-Qaida oder der al-Nusra-Front wohl von ebendiesem Westen haben, der sie wahlweise für seine Zwecke einspannt und dann wieder verfolgt? Jetzt verachten diese Männer den Westen nicht nur, weil er ihrer Ansicht nach gottlos ist. Jetzt haben sie ihm den Terror erklärt, den sie mit finanzieller Hilfe der westlichen Verbündeten Saudi-Arabien und Katar führen. Über salafistische Bewegungen wiegeln sie die Muslime in Europa auf, locken immer mehr junge Männer und Frauen in ihre Ausbildungslager, aus denen nicht wenige mit tödlichen Absichten zurückkehren.

»Mit der Ausrufung des Kalifats am 29. Juni 2014 ist dem internationalen Dschihadismus in der Tat der zweite große Durchbruch nach demjenigen im Afghanistankrieg der achtziger Jahre gelungen – und erneut hat der Westen, den Sturz einer ihm wie den Dschihadisten verhassten Regierung im Blick, maßgeblich dazu beigetragen, die Voraussetzungen dafür zu schaffen«, schreibt *German-Foreign-Policy*. »Dabei interessierte sich der Westen, solange der IS lediglich regionale Stärke besaß, nicht dafür, dass die Organisation Andersgläubige drangsalierte, zur Feier ihrer Machtübernahme im syrischen Raqqa nichtsunnitische Muslime öffentlich exekutierte und im Dezember 2013 mit der Hinrichtung von – arabischen – Journalisten begann. Westlichen Politikern war dies, solange sie von den Dschihadisten Hilfe beim ›Regime Change‹ in Damaskus erwarteten, kein Wimpernzucken, westlichen Medien allenfalls eine Randnotiz wert. Der Charakter des Terrors war damals freilich offen erkennbar. Jetzt schlägt er mit den barbarischen Bluttaten in Paris und Kopenhagen auf die westlichen Metropolen zurück.«

Bislang hat der Westen keine fruchtbare Strategie zur Bekämpfung des IS entwickelt. Das liegt vor allem daran, dass unsere Politiker den Islamischen Staat als eine kleine Gruppierung von Psychopaten einstufen, die angeblich keine religiöse Natur hat. Allen voran Barack Hussein Obama, der den Islamischen Staat als »unislamisch« bezeichnete. Doch dadurch lassen wir uns in die Irre führen. Wir suchen Lösungen, ohne das Problem zu verstehen. Die Gräueltaten des IS sind »lediglich« konsequent umgesetzte Theologie nach den Lehren Mohammeds. Und das Ziel der Islamisten ist es, die heutige Welt in das Zeitalter Mohammeds zurückzuversetzen.

Wir sind versucht, solche Feststellungen zu verschleiern, aus gut gemeinter Toleranz. Selbst wenn der Sprecher des IS,

Mohammed al-Adnani, laut verkündet, dass der Krieg erst dann vorbei ist, wenn der Islamische Staat die ganze Welt beherrscht. Und dass »Islam« eben nicht »Frieden« bedeutet, wie uns unsere heimischen Gutmenschen einreden wollen, sondern »Unterwerfung«. »Daher wird das Schwert weiterhin gezogen, erhoben und geschwungen werden, bis (...) der Unglaube und seine Tyrannei zerstört und der Islam und sein Recht über die ganze Welt herrschen werden«, heißt es wörtlich im IS-Magazin *Diqab*.

Es ist verständlich, dass moderate Muslime mit einem solchen Islam nichts zu tun haben wollen. Vielleicht ist es ihnen auch peinlich, dass im Namen des Islam Frauen gesteinigt oder Abtrünnige hingerichtet und enthauptet werden. Aber Mohammed selbst, den jeder Muslim als Vorbild verehrt, hatte Sklavinnen, ließ Ehebrecher steinigen und Menschen enthaupten. Moderate Muslime schicken mir immer wieder Nachrichten und behaupten, der Islam sei Frieden. Meine Eltern (die Muslime sind) hätten den Islam falsch verstanden. Islamische Länder, die Muslime hinrichten, weil sie Atheisten oder Christen werden, hätten den Islam falsch verstanden. Pakistan hätte grundsätzlich den Islam falsch verstanden. Der IS wäre sowieso »unislamisch« und der Prophet hätte keine Hinrichtung für Apostasie gefordert.

Das ist zwar gut gemeint. Aber es zeugt auch von einer theologischen Ignoranz. Denn gerade im Fall der Apostasie steht Mohammed auf der Seite derer, die so viele als »unislamisch« bezeichnen. Denn er lehrte: »Wenn jemand (ein Muslim) seine Religion verlässt, tötet ihn!« (Sahih al-Bukhari 52:260). Diese Überlieferung ist weder eine Beleidigung des Islam noch eine Einbildung meinerseits. Sie ist ein authentischer Text, der von allen islamischen Rechtsschulen anerkannt wird und eine Grundlage der Scharia bildet.

Meine Frage ist nun: Hat auch Mohammed den Islam falsch verstanden? Oder ist es vielleicht an der Zeit, dass auch moderate Muslime die Lehre ihres Propheten hinterfragen? Tatsache ist: IS-Anhänger und moderate Muslime lesen denselben Koran. Erstere führen die Befehle Mohammeds aus. Letztere gehen wählerischer vor und haben sich für einen Patchwork-Islam entschieden, bei dem sich jeder das herauspickt, was ihm gefällt.

Um den IS zu verstehen, dürfen wir nicht die »Das hat nichts mit dem Islam zu tun«-Hymne mitsingen. Vielmehr müssen wir unsere Sicherheitsbehörden in der Ideologie des Islamischen Staates schulen. Denn nur wer die IS-Terroristen ideologisch versteht, kann uns auch vor ihnen schützen.

VI.
Filialen des Islam(ismus)

Auffällig ist, wie lange die Filialen des Islam in Deutschland, also die großen Verbände, zum Terror im Irak, in Libyen und Syrien geschwiegen haben, ja noch immer schweigen. Erst wenn auch in Europa Tote zu beklagen sind, distanzieren sie sich pflichtschuldigst.

Der mit Abstand wichtigste Dachverband der Muslime in Deutschland ist die Türkisch-Islamische Union der Anstalt für Religion (DITIB). Sie wurde 1984 gegründet und vertritt rund 900 sunnitische Moschee-Gemeinden, deren Mitglieder zum überwiegenden Teil aus der Türkei stammen. Die DITIB ist für die Regierung in Ankara zugleich ein wichtiges politisches Instrument, über das sie Einfluss auf die in Deutschland lebenden Muslime nimmt. Der türkische Staatspräsident Recep Tayyip Erdoğan verkündete einst: »Die Demokratie ist nur der Zug, auf den wir aufsteigen, bis wir am Ziel sind. Die Moscheen sind unsere Kasernen, die Minarette unsere Bajonette, die Kuppeln unsere Helme und die Gläubigen unsere Soldaten.« Klingt so Integration auf Türkisch? Nein. Für diese Selbstoffenbarung wurde er dann auch zu einer zehnmonatigen Haftstrafe verurteilt. Später hat Erdoğan seine Ankündigung politisch in die Tat umgesetzt. Heute hält seine islamistische Politik über Prediger, die in der Türkei ausgebildet wurden, Einzug in deutschen Moscheen. 2011 trat er vor über 10 000 Türken in Düsseldorf auf. »Ihr seid meine Verwandten«, rief er der Menge zu. Der Großfamilie gefiel's. Und in den Herzen der »Verwandten« muss es schließlich gebebt haben, als die türkische Nationalhymne erklang: »Dieses Land gehört uns«, so eine Liedzeile, die immer wieder durch die Halle schallte. Politisch hat Erdoğan den Terror des IS nach Kräften unterstützt. Er bot ihm an der Grenze zum Irak Unterschlupf und sicherte den Nachschub für die Terror-Truppen über die türkische Grenze. All das geschah im Übrigen mit dem stillschweigenden Einverständnis des Westens und speziell der USA. Man konnte also kaum erwarten, dass die Prediger in den DITIB-Moscheen klare Worte gegen den IS-Terror finden würden.

Noch weniger war dies vom Islamrat zu erwarten, der von der islamistischen Gruppierung Milli Görüs dominiert wird. Aufgrund ihrer islamistischen Wurzeln wurde Milli Görüs lange vom Verfassungsschutz beobachtet, die Bewegung selbst ging immer wieder juristisch gegen den Verfassungsschutz und all jene vor, die kritisch über sie berichteten. Die genaue Zahl ihrer Mitglieder ist nicht bekannt. Nach eigenen Angaben hat sie 57 000 Mitglieder, das Bundesamt für Verfassungsschutz vermutet dagegen lediglich 27 000 Mitglieder. Eine empirische Schätzung aus dem Jahr 2000 geht hingegen von 80 000 Mitgliedern aus. Und im Jahr 2005 wurde die Zahl der Gemeindemitglieder in Deutschland sogar auf insgesamt 230 000 geschätzt. Milli Görüs betreut acht Prozent der deutschen Moscheen und hat damit erheblichen Einfluss auf das Denken der in Deutschland lebenden Muslime. In ihren Moscheen wird ein orthodoxer Islam gepredigt und in ihrem Koranunterricht vermitteln die Geistlichen den Kindern ein Weltbild, das mit westlichen Gesellschaftsvorstellungen nicht kompatibel ist.

Ein Buch mit sieben Siegeln ist der Verband der Islamischen Kulturzentren (VIKZ). Er schottet sich fast gänzlich von der Öffentlichkeit ab, indem er Einblicke in seine innere Struktur nicht zulässt. In Sicherheitskreisen gilt der Verband als eine der konservativsten Organisationen im deutschen Islam. Rund 300 Moschee- und Bildungsvereine sind im drittgrößten islamischen Verband organisiert, der Schülerwohnheime betreibt und Imame ausbildet. »Für Besucher ist es nicht leicht, wirklich hineinzukommen. Und für die Kinder sei es später schwer, so argumentieren fachkundige Kritiker, herauszukommen aus dieser Welt«, schrieb der *Spiegel* im November 2006 über diese Heime.

Dann gibt es noch den Zentralrat der Muslime, der ebenfalls 300 Gemeinden organisiert. Alle Verbände haben sich unter dem Dach des Koordinierungsrates der Muslime zusammengeschlossen. »Dem bunten Treiben dieser Verbände hat die deutsche Politik bis heute fast tatenlos zugesehen, schlimmer noch: Sie hat mit ihnen kooperiert«, schrieb die Feministin Alice Schwarzer im Februar 2015. »Der Zentralrat der Muslime (dessen Name sarkastischerweise auf den Zentralrat der Juden anspielt) wurde 1994 von einem bekennenden Scharia-Anhänger mitbegründet: dem emeritierten Botschafter und Konvertiten Murat Wilfried Hofmann. Und auch der heutige Zentralratsvorsitzende Aiman Mazyek kann nicht im Ernst als fortschrittlich bezeichnet werden. Der ›Medienberater‹ betreibt unter anderem die Internetseite Islam.de, auf der er den Koran schriftgläubig interpretiert, inklusive der legitimen Verstoßung der Frau bei Scheidung. Auch unterstützt der Zentralrat seit Jahrzehnten Eltern, die ihre Töchter vom Schwimmunterricht ›freistellen‹ lassen wollen, oder Lehrerinnen, die für ›das Recht auf das Kopftuch‹ auch in der Schule kämpfen (gern Konvertitinnen)«, so Schwarzer.

Aktuell kämpfen islamische Funktionäre »lediglich« – wie sie betonen – um das Recht auf Religionsfreiheit in einer dem Islam feindlich gesinnten christlichen Gesellschaft. Aber ihr Ziel ist die Islamisierung der Gesellschaft und der Sieg über das Christentum. Sie ziehen es vor, Gewalt gegen Muslime zu thematisieren, anstatt Verantwortung für die vielen Jugendlichen und teilweise islamistisch motivierten Intensivtäter zu übernehmen, die Gewalt gegen Deutsche anwenden. Anstatt hier schlichtes Versagen einzugestehen und die notwendigen Konsequenzen daraus zu ziehen, verkündete Ibrahim El-Zayat, einer der bekanntesten und einflussreichsten Islam-Funktionäre Deutschlands: »Entscheidend ist, dass wir in diesem Land unsere Religionsfreiheit haben (auch wenn wir sie sehr häufig vor Gericht erst erstreiten müssen) und dass es keinen Grund gibt, nicht aktiv an der Neugestaltung dieser Gesellschaft mitzuwirken. Ich glaube nicht, dass es unmöglich ist, dass der Bundeskanzler im Jahre 2020 ein in Deutschland geborener und aufgewachsener Muslim ist, dass wir im Bundesverfassungsgericht einen muslimischen Richter oder eine muslimische Richterin haben, dass im Rundfunkrat auch ein muslimischer Vertreter sitzt, der die Wahrung der verfassungsmäßig garantierten Rechte der muslimischen Bürger sichert. (…) Dieses Land ist unser Land, und es ist unsere Pflicht, es positiv zu verändern. Mit der Hilfe Allahs werden wir es zu unserem Paradies auf der Erde machen, um es der islamischen Ummah (Gemeinschaft) und der Menschheit insgesamt zur Verfügung zu stellen.«

Das klingt fast so, als müssten sich die Deutschen an den Islam anpassen. Aber so funktioniert Integration natürlich nicht. Es sind die Muslime, die eine Bringschuld haben, sich in die hiesige Gesellschaft zu integrieren. Sie haben die Bringschuld, die Menschenrechte, die Gleichheit der Geschlechter, Selbstbestimmung und Meinungsfreiheit zu akzeptieren. Die meisten islamischen Verbände handeln jedoch genau gegensätzlich, indem sie die kritische Auseinandersetzung mit dem Islam und seinen gesellschaftspolitischen Glaubenssätzen unter Strafe stellen wollen. So forderte Aiman Mazyek, Vorsitzender des Zentralrats der Muslime in Deutschland, im Januar 2013 im *Münchner Merkur*: »Islamfeindlicher Rassismus muss als eigenständiger Tatbestand gewertet werden.« Nicht nur die »Diffamierung« des Islam soll verboten werden, sondern auch jegliche sachliche Kritik, während der Islam seinen Anhängern selbstverständlich das Recht einräumt, Andersgläubige als »kafir« (Ungläubige) zu bezeichnen und sie korangemäß als »Affen und Schweine« zu beschimpfen (Sure 2:65).

Vor diesem Hintergrund ist es schwer verständlich, welche Kriterien die Bundesregierung anlegt, um ihre Dialogpartner in Sachen Integration auszuwählen. Wie kann beispielsweise der deutsch-ägyptische Multifunktionär Ibrahim el-Zayat von der Bundeszentrale für politische Bildung als Integrationsexperte betrachtet werden, obwohl er jahrelang Leiter der vom Verfassungsschutz beobachteten Islamischen Gemeinschaft (IGD) war. Die ehemalige Familienministerin Kristina Schröder sprach in diesem Zusammmenhang zu Recht von einem Skandal: »Einen IGD-Vorsitzenden zum Integrationsexperten zu ernennen, das ist wie Margot Honecker zur Bundesbeauftragten für Stasi-Unterlagen zu machen.«

Langsam scheint die Politik zu begreifen, dass sämtliche Ideen und Maßnahmen zur Förderung der Integration auf Fehlannahmen beruhten und dass sich ein großer Teil der muslimischen Migranten immer stärker in eigene Stadtviertel und Moscheen zurückzieht. Jetzt versucht sie das Problem mit Pauschalumarmungen zu überwinden, indem sie den Deutschen nahelegt, den Islam zu verstehen, er sei einfach etwas anders, vielleicht gar bunter? Damit geht ein Wunsch der muslimischen Verbände in Erfüllung, denn sie fordern seit langer Zeit, dass Deutsche sich mehr Islamverständnis aneignen sollten. Ein Beispiel dafür liefert die DITIB, die sich mit der Einführung von Islamunterricht für Muslime an deutschen Schulen nicht zufriedengibt, sondern auch interreligiöse Kompetenz bei Deutschen einfordert: »Die Kinder werden dazu gar nicht befähigt, weil sie in der Schule nichts über die Einwanderer in Deutschland lernen. Hier müssten die Lehrpläne ergänzt werden.« Zwar lobte der DITIB-Vertreter Selcuk Dogruer die hessische Landesregierung für die geplante Einführung des islamischen Religionsunterrichts an Grundschulen, kritisierte laut *Welt* im September 2012 aber: »Die nichtmuslimischen Kinder betrifft das nicht.«

Derlei Statements wecken unangenehme Erinnerungen – etwa an Kenan Kolat, den Leiter einer türkischen Gemeinde in Deutschland. War es nicht Kolat, der vor einigen Jahren Kritik an den Lehrplänen äußerte, weil sie den Völkermord an den Armeniern thematisierten? Dies »gefährde den inneren Frieden« türkischer Schüler und könnte diese unter »psychologischen Druck« setzen. Ja, so manche historischen Tatsachen sind offensichtlich nur mit viel psychischem Schmerz zu ertragen! Dagegen klingt mehr Islamkompetenz bei deutschen Kindern schon fast therapeutisch!

Wäre es da nicht hilfreicher, an Türken und andere Muslime zu appellieren, die Chancen, die Deutschland ihnen bietet, zu nutzen? Ist es nicht sinnvoller, die Imame, Islamgelehrten und islamistischen Eltern zu therapieren, die, durch den Koran inspiriert, ihre Kinder von klein auf vor einem ungläubigen und aller Werte baren Volk warnen und somit einen tiefen Spalt innerhalb der Gesellschaft schaffen? Vielleicht gibt es aber auch einfach nur ein Problem bei der Übersetzung des Begriffs »Integration«. So mancher Islamfunktionär versteht darunter nämlich nur lamentieren und fordern.

Gleichzeitig schweigen die muslimischen Verbände nicht nur zum Terror, solange der in Europa keine Toten fordert, sondern leider auch zu den Predigten ihrer Imame, die immer wieder elementare Grundsätze der freiheitlich-demokratischen Gesellschaft angreifen. So zum Beispiel in der Berliner al-Nur-Moschee. Viele junge Menschen werden in ihren Hallen mit der salafistischen Ideologie indoktriniert. Der dänische Hassprediger Abu Bilal Ismail bezeichnete dort während einer Freitagspredigt Gaza als das »Land des Dschihad« und Juden als »Kriminelle« und »Schlächter vom Propheten«. In dieser auf Video dokumentierten Predigt bittet er Allah um die Vernichtung der Juden »bis auf den letzten«, schließlich seien sie es gewesen, die Tyrannei und Korruption säten.

Im Februar 2015 predigte der aus Ägypten stammende Scheich Abdel Moez al-Eila in der al-Nur-Moschee, dass Frauen das Haus nicht verlassen sollten und ihrem Mann den Geschlechtsverkehr nicht verweigern dürften. Die *Bild*-Zeitung zitierte den Prediger mit folgenden unglaublichen Sätzen: »Eine Frau darf nicht den Sex mit ihrem Mann verweigern. Sie darf keine Ausreden oder Vorwände benutzen. Wie schon der Prophet und viele andere Gelehrte gesagt haben: Wenn ein

Mann seine Frau ruft und sie sich verweigert und einschläft – dann verfluchen die Engel sie!« Mit solchen Aussagen tritt der Prediger das Selbstbestimmungsrecht der Frauen mit Füßen. Seine Rede verstößt eindeutig gegen das Grundgesetz. Möglich ist dies in Deutschland nur, weil Moscheen eine Art rechtsfreier Raum sind. Weiter sagte der Scheich: »Eine Frau darf niemals nein sagen – unter keinen Umständen! Nicht einmal, wenn sie ihre Tage hat. Es gibt nichts, das ihren Mann davon abhalten darf, ihren Körper zum Vergnügen zu benutzen! Er muss nur ihre Vagina und ihren Anus meiden – dafür kann er den Rest ihres Körpers zum Vergnügen nutzen.« Abdel Moez al-Eila schrieb der Frau zudem vor, wie sie sich im Alltag zu verhalten habe: »Ohne die Erlaubnis ihres Mannes darf eine Frau niemanden in ihr Haus lassen. Sie darf das Haus nicht ohne seine Erlaubnis verlassen. Und unter keinen Umständen darf sie außerhalb des Hauses übernachten. Eine Frau darf keinen Job ohne die Erlaubnis ihres Mannes annehmen. Das ist ein großes Problem in der Gesellschaft, in der wir leben.«

Es ist vollkommen unverständlich, warum solche Predigten in muslimischen Gemeinden keine Diskussionen auslösen. Und sollte es solche Diskussionen doch geben, dann werden sie zumindest nicht öffentlich. Gerade dadurch wird jedoch der Anschein erweckt, dass die Gemeinden derlei Diskussionen unter den Tisch kehren wollen und der Islam insgesamt seine wahre Identität verschleiern möchte. Die Tatsache, dass die Moschee diese Predigt schließlich auch noch als Video ins Internet stellte, lässt vermuten, dass es ihr eigentliches Ziel war, ihre frauenfeindliche Lehre auch über die eigenen Moscheemauern hinaus zu verbreiten. Das Video ist Teil einer gezielten Propaganda, die sich nicht vor der kritischen Berichterstattung der Ungläubigen fürchtet. Etwaige Kritik in den Medien gilt den Fundamentalisten sogar als Bestätigung ihrer Sichtweise.

Werden Muslime auf derlei Äußerungen angesprochen, versuchen viele die Aussagen zu relativieren. Von Einzelfällen ist dann die Rede, von einem orthodoxen Islamverständnis, das wissenschaftlich begründbar sei, aber im Alltag der muslimischen Gemeinden keine Rolle spiele. Wirklich? Wer legitimiert denn die Friedensgerichte? Wer schreibt die Gesetze der Blutrache? Woher kommt die Gewalt gegen Frauen? Und wer rechtfertigt Ehrenmorde? Wer derlei unbequeme Fragen stellt, bekommt schnell zur Antwort, all das habe nichts mit dem Islam zu tun. Er stößt auf eine Abwehrhaltung, hinter der sich ganz offenbar die Angst verbirgt, dass Dinge ans Licht kommen könnten, die besser im Dunkeln bleiben sollten.

Gerne verdrängt wird auch die Tatsache, dass der türkische Staat, der dank staatsbediensteter Imame und Islamunterricht an Schulen immer mehr Einfluss in Deutschland gewinnt, der eigenen Bevölkerung trotz liberaler Vorzeigegesetze vehement die Religionsfreiheit verweigert. So warten christliche Gemeinschaften in der Türkei seit Jahrzehnten vergeblich auf die Genehmigung für den Bau dringend benötigter Kirchen. Seit 1971 ist das einzige Priesterseminar der Türkei geschlossen, kann die Kirche keinen Priesternachwuchs ausbilden, den sie so dringend bräuchte. Stattdessen werden die ältesten Klöster der Christenheit im Zuge absurder Gerichtsverfahren weitgehend enteignet. Sie werden ihrer Ländereien und ihrer landwirtschaftlichen Existenzgrundlage beraubt. Wie kann es sein, dass eine türkische Religionsbehörde, die rechtsstaatlichen und säkularen Prinzipien des Grundgesetzes widerspricht, gleichzeitig in Deutschland Genehmigungen zum Bau von Moscheen erteilt bekommt? Wer die Tragweite dessen erkennen will, muss wissen: Moscheen – vor allem überdimensionale Prachtmoscheen wahhabitischer Prägung – sind eindrucksvolle Symbole des islamischen Machtanspruchs. Auch die Moschee in Köln hat eine fast 35 Meter hohe Kuppel und zwei 55 Meter hohe Minarette. Will sich die Großmoschee etwa mit dem Kölner Dom messen? Wahrscheinlich. Denn wenn es große Kirchen gibt, warum dann nicht auch große Moscheen?

Fälschlicherweise glauben viele Europäer, Moscheen seien eine Art »muslimische Kirche«, Anbetungsstätten für spirituelle Angelegenheiten. Doch das stimmt nicht ganz. Um die Funktion einer Moschee zu verstehen, dürfen wir nicht die westlichen Denkmuster von Kirchen auf islamische Gotteshäuser übertragen. Wir müssen Moscheen aus der Sicht des Propheten Mohammed betrachten. Für ihn war das islamische Gotteshaus nicht nur ein Ort des Flehens und Bittens zu Gott, sondern vielmehr eine Zentrale für die Einführung der Scharia, der islamischen Rechtsprechung. Wie wichtig diese für den Islam ist, sehen wir, wenn wir einen Blick in die Einleitung der rechtsverbindlichen »Enzyklopädie des islamischen Rechts« werfen, die in Kairo erscheint: »Die Scharia ist der Königsweg, die gerade Straße. Allah hat sie aus seinem Wissen gestiftet; er hat die Kenntnis von ihr auf den letzten seiner Propheten (…) herabgesandt und ihr so viel Kraft und Beständigkeit zugemessen, dass sie ewig bleiben wird, geschützt davor, sich zu Nichtigem oder zum Irrtum zu neigen (…). So wurde den Menschen deutlich, dass die Scharia alle Angelegenheiten des Lebens, die überhaupt auftreten können, umfasst, seien es solche des Glaubens und des Ritus, seien es solche der Beziehungen (der Menschen untereinander), der Verwaltung (…), der Politik, der Gesellschaft, seien es die unterschiedlichen Bindungen zwischen den Individuen innerhalb der muslimischen Gemeinschaft (umma) oder zwischen ihr und anderen ihr friedlich oder feindlich gesonnenen Gemeinschaften (…).«

Das islamische Gotteshaus war für Mohammed also eine Art Oberstes Gericht. Es war Sitz der exekutiven wie judikativen Macht. Auch soziale Anordnungen befahl Mohammed von dort aus. Prophet Mohammed agierte aber auch als politischer Führer und nutzte die Moschee als Ausgangspunkt für militärische Operationen. Sie war der Ort, an dem der Dschihad verkündet wurde – eine Militärzentrale und Symbol der islamischen Herrschaft.

Mohammeds konsequente Nachfolger sind also nicht nur in der Moschee, um an einem Gebetsritus teilzunehmen, sie sind zum Handeln aufgerufen. Die Kampfmentalität des Propheten erfordert vom Einzelnen, sich aktiv gegen Ungehorsame, Andersgläubige, Abgefallene oder zu westlich geratene Frauen zu richten, wenn nötig auch gewaltsam. Bedeutet das in letzter Konsequenz einen militärischen Dschihad in Deutschland? Moscheen mögen friedlich wirken, solange die Islamisten noch in der Minderheit sind. Aber niemand sollte sich von der Anmut und der Pracht der Bauten blenden lassen. Denn die Moschee wandelt ihre Funktion, je nachdem welche Bedingungen vorherrschen. So wird sie eben gerade dann zur Militärzentrale, wenn Konflikte mit Andersgläubigen offen ausbrechen.

In der Debatte um den Moscheebau in Deutschland fällt auf, dass es gar nicht mehr um die Rechte oder die Sicherheit der Bürgerinnen und Bürger geht. Vielmehr zählt, was Politiker oder Medienvertreter aus ideologischen Gründen für richtig halten. Hier wäre ein direktdemokratischer Weg, wie es die

Schweiz mit der Volksinitiative zum Minarettbau vormachte, eine bedenkenswerte Lösung. Aber da in Deutschland aufgrund der Religionsfreiheit weiterhin ungeprüft Moscheen errichtet werden, ohne dass sich Gesellschaft und Politik über deren Funktion als politisches Lenkmittel und Scharia-Organ bewusst sind, wird dem Aufbau einer Paralleljustiz weiterhin Vorschub geleistet.

VII.
Islam oder Islamismus?

Islam verhält sich zu Islamismus wie Alkohol zu Alkoholismus«, sagte einmal der Publizist Henryk M. Broder. Also ist er in kleinen Mengen gut verträglich und in großen eher bedenklich? Ganz und gar nicht, findet Aiman Mazyek, Generalsekretär des Zentralrats der Muslime. Seiner Ansicht nach ist der Islam »die beste Medizin, um den Islamismus zu bekämpfen«. Tatsächlich verschleiern wohl beide Aussagen den Kern der Sache, oder wie Blaise Pascal schrieb: »Die Wahrheit ist in dieser Zeit so sehr verdunkelt und die Lüge so allgemein verbreitet, dass man die Wahrheit nicht erkennen kann, wenn man sie nicht liebt.«

Der Islam ist ein unbestimmter Begriff. Er umfasst die Lehren Mohammeds und die Weiterentwicklungen nach seinem Tode. Er umfasst radikalislamische Salafisten ebenso wie säkulare, demokratische Muslime und verortet sie in einem Gesamtkulturraum. Der ursprüngliche Islam besteht aus den Lehren Mohammeds, die sich grundlegend von den Lehren Buddhas oder Jesu unterscheiden, bei denen es keine Imperative der Gewalt gibt. In der öffentlichen Debatte westlicher Gesellschaften wird diese klare Unterscheidung jedoch häufig ausgeblendet. Daraus resultiert die irrige Annahme, dass der Islamismus nur eine unlautere politische Instrumentalisierung der Lehren Mohammeds sei, da man annimmt, die Botschaft aller Religionen sei im Kern ähnlich, nämlich stärker transzendent als von weltlichen Machtinteressen geprägt. Es ist jedoch falsch, die Friedfertigkeit der frohen Botschaft des Neuen Testaments automatisch auf den Islam zu übertragen.

Am offensichtlichsten wird die Unverträglichkeit der Lehren Mohammeds mit einer auf Selbstbestimmung beruhenden Gesellschaft in der Scharia, einem Rechtssystem, das keine Trennung von Religion und Staat kennt und das das Leben der islamischen Gemeinschaft in allen Bereichen zu ordnen versucht. Islamisten halten sich streng an diese Regeln und sehen es als ihre Pflicht an, alle Regierungen der Scharia, also dem religiösen Gesetz Allahs, zu unterwerfen. Die Inhalte der Scharia sind jedoch alles andere als kulturbereichernd:

So erlaubt die Scharia beispielsweise den Männern, ihre Frauen zu schlagen (Sahih Al Jami 4021, 4022, Al Albani in Al Sahiha 3/431–432). Aber auch Trinker dürfen ausgepeitscht werden: »Sie brachten dem Propheten einen Mann, der Alkohol trank. Der Prophet sagte zu der Menschenmenge: ›Schlagt ihn.‹ Sie schlugen ihn, manche mit Stöcken, manche mit Palmenzweigen und Schuhsohlen.« Für Diebe sieht die Scharia laut Sure 5:38 vor: »Wenn ein Mann oder eine Frau einen Diebstahl begangen hat, dann haut ihnen die Hand ab! (Das geschehe ihnen) zum Lohn für das, was sie begangen haben, und als abschreckende Strafe vonseiten Allahs.« Wegen des Diebstahls von drei Mobiltelefonen und zwei Gewehren hatte ein Scharia-Gericht in Somalia vier Männern die rechte Hand und den linken Fuß abhacken lassen. Das grausame Urteil mit seinen unumkehrbaren Folgen wurde vor rund 200 Zuschauern öffentlich vollzogen, berichtete *Shortnews* im Juni 2009. Und für Ehebrecher und Konvertiten sieht die Scharia dieselbe Strafe vor wie für Mörder: den Tod. »Der Gesandte Allahs sagte: ›Es ist nicht erlaubt, das Blut eines Muslims, der bezeugt, dass es keinen Gott außer Allah gibt und dass ich der Gesandte Allahs bin, zu vergießen, außer in drei Fällen: eine Seele für eine Seele (das heißt im Falle eines Mordes), eine bereits verheiratete Person, die Ehebruch begeht, und derjenige, der seine Religion verlässt und sich von der Allgemeinheit der Muslime absondert.‹«

Mit einem solchen Islam ist kein freiheitlich-demokratischer Rechtsstaat möglich. Aber es gibt keinen anderen. Und die Frage, ob sich ein demokratietauglicher Islam schaffen lässt, konnte bislang noch niemand mit einem schlüssigen »Ja« beantworten. Denn bei einer solchen Reform ginge es nicht um kleine Formalien, sondern darum, fundamentale Glaubenssätze des Religionsstifters in Frage zu stellen. Das wäre gerade so, als würden Teile der Bergpredigt aus dem Neuen Testament gestrichen, in der Jesus Christus den offenbarten Willen Gottes neu und mit endgültiger Verbindlichkeit auslegt. Der Unterschied ist nur: Die Bergpredigt ist das Fundament eines friedlichen Zusammenlebens, auch mit seinen Feinden, während die Worte des Propheten Mohammed zum Krieg rufen.

Am ehesten kann eine Liberalisierung des Islam wohl nur durch eine kritische Exegese erfolgen, also dadurch, dass die ursprünglichen islamischen Schriften entweder nur spirituell-metaphorisch gedeutet (wie es bei moderaten Muslimen ohnehin üblich ist) oder zumindest als zeitgeistbedingt relativiert und in ihrem historischen Kontext verstanden werden. Um einen sinnvollen Dialog zu führen, ist es dringend notwendig, sich mit den antidemokratischen Regeln Mohammeds im ursprünglichen Islam auseinanderzusetzen. Denn nur wenn diese von den Muslimen als antidemokratisch und unmenschlich erkannt und kritisiert werden, kann man sich auch wirksam und nachhaltig von ihnen lösen. Von demokratischen Muslimen kann man dann sprechen, wenn sie sich zu freiheitlichen Grundwerten, einschließlich der rechtlichen Gleichstellung aller Menschen, bekennen. Sie müssen antidemokratische Phänomene konsequent verurteilen, egal an welchem Ort oder zu welcher Zeit. Eine solche Verurteilung sollte vor allem auch für Gesellschaften gelten, in denen Muslime heute in der Mehrheit sind oder in Zukunft sein könnten. In der Realität werden demokratische Grundwerte von Muslimen jedoch meist nur dann akzeptiert, wenn es um die eigene Minderheitenposition geht. Die immer wieder geforderte und auch notwendige Unterscheidung zwischen demokratischen Muslimen und antidemokratischen Islamisten kann nur aufgrund dieser klaren Kriterien erfolgen.

Mit der Frage nach der rechtlichen Gleichstellung von Andersdenkenden, Andersglaubenden und Anderslebenden sowie der Frage nach der Verurteilung der Nichtgewährung dieser rechtlichen Gleichstellung, wie sie in fast allen islamischen Staaten gilt, kann jeder selbst herausfinden, auf welchem Standpunkt sich sein Gegenüber befindet. Natürlich kann dabei auch leicht mal ein bisschen geschummelt werden, aber je klarer und hartnäckiger die Fragen, umso wahrscheinlicher die Antwort. Denn wer nicht bereit ist, undemokratische Praktiken in der islamischen Welt öffentlich zu verurteilen oder sogar ganz zu dem Thema schweigt, kann nicht als demokratischer Muslim bezeichnet werden. Die leider weit verbreitete Ansicht, man müsse demokratische Grundwerte nur so lange tolerieren, wie man selber noch eine Minderheit sei, reicht dazu nicht aus.

Neben der politischen Auseinandersetzung mit dem heutigen Islamismus ist auch eine religiös-weltanschauliche Auseinandersetzung mit den Lehren Mohammeds dringend notwendig. Wer wissen will, wie die Scharia wirkt, muss sich nur in den arabischen Staaten umsehen. Am Beispiel des Iran zeigt sich, dass die Scharia auch in das offiziell staatliche Recht einfließt. Da wäre zunächst das iranische Familienrecht, das an die nationalsozialistischen Nürnberger Rassengesetze erinnert. Der Wissenschaftler Farzad Khodadadi Tahashi hat die wesentlichen Aspekte dieses Rechtsgebiets in einer deutschsprachigen Doktorarbeit herausgearbeitet. Bereits einige wenige Zitate aus seiner Dissertation belegen die Unmenschlichkeit dieses Gesetzeswerkes: »Die Ehe eines Nichtmuslims mit einer Muslimin ist ungültig, auch wenn er/sie ihre Religion nach der Eheschließung ändert.« Damit ist auch der Geschlechtsverkehr zwischen einem nichtmuslimisch-muslimischen Ehepaar illegal. Oder: »Die Eheschließung verpflichtet die Frau zum Gehorsam gegenüber dem Mann.« Und: »Das iranische Eherecht und Scheidungsrecht gilt für alle iranischen Staatsangehörigen, auch wenn sie ihren Wohnsitz im Ausland haben (…), eine Registrierung der Ehe im Iran ist allerdings bei Strafandrohung geboten, sobald der Iran betreten wird.« Eine gute Rechtfertigung gegenüber dem nichtiranischen Ehepartner, einmal gemeinsam in den Iran zu fahren.

Auch das iranische Strafrecht ist auf Deutsch erhältlich. Es wurde von Dr. Silvia Tellenbach für das Max-Planck-Institut für ausländisches und internationales Strafrecht übersetzt. Seine Lektüre ist ähnlich aufschlussreich, insbesondere die Abschnitte über geschlechterspezifische Bestimmungen. In Art. 82c heißt es: »Geschlechtsverkehr eines Nichtmuslims mit einer Muslimin führt zur Hinrichtung.« Wollen Frauen eine Vergewaltigung anzeigen, scheitern sie an Art. 76: »Die Zeugenaussagen von Frauen beweisen keinen verbotenen Geschlechtsverkehr.« Zeugenaussagen von Frauen sind also grundsätzlich ungültig. Bringen sie dennoch eine Vergewaltigung zur Anzeige, drohen ihnen wegen Verleumdung achtzig Peitschenhiebe (Art. 140). Hier einige weitere Einblicke in das iranische Strafrecht:

- Art. 83: Bei Ehebruch droht die Steinigung, ältere Personen werden vorher ausgepeitscht (Art. 84).
- Art. 88: Bei nichtehelichem Sex drohen hundert Peitschenhiebe, beim vierten Mal die Hinrichtung (Art. 90).
- Art. 110: Bei männlicher Homosexualität droht die Todesstrafe.
- Art. 129: Bei weiblicher Homosexualität drohen hundert Peitschenhiebe, beim vierten Mal die Hinrichtung (Art. 131).
- Art. 174: Bei Alkoholkonsum drohen achtzig Peitschenhiebe, beim vierten Mal die Hinrichtung (Art. 179).
- Art. 190: Der Kampf gegen Allah (Anm.: also auch gegen das theokratische System im Iran) kann mit Kreuzigung oder anderer Tötungsweise bestraft werden.
- Art. 494: Blutgeld nur für tote Muslime (Anm.: Für einen getöteten Nichtmuslim kann keine Entschädigung verlangt werden).
- Art. 92 Tazi'rat: Gewalt und Tötung zur Verteidigung der Ehre bleiben straffrei.
- Art. 101 Tazi'rat: Küssen zwischen Unverheirateten wird mit 99 Peitschenhieben bestraft.
- Art. 102 Tazi'rat: Unzüchtig gekleidete Frauen erhalten 74 Peitschenhiebe.
- Art. 143 Tazi'rat: Wer in Versen über andere spottet, erhält 74 Peitschenhiebe.

- Art. 147: Für Angestellte von Lokalen mit Alkoholausschank oder Glücksspiel werden 74 Peitschenhiebe verordnet (Anm.: Da müssen die Angestellten gut aufpassen, was in ihrem Lokal so los ist, denn Nichtwissen schützt vor Strafe nicht).

Gleichwohl behauptete der Generalsekretär des Zentralrats der Muslime, Aiman Mazyek, im März 2011 in der *Welt*: »Scharia und Demokratie sind vereinbar!« Wen wundert es da noch, dass die deutschen Filialen des Islam(ismus) schweigen, wenn der Staat Geld für Moscheen ausgibt, in denen zur Tötung Ungläubiger aufgerufen wird? Wenn der deutsche Staat Moschee-Vereine als Kooperationspartner akzeptiert, die die Tötung von Nichtmuslimen lehren, dann dürfen sich seine Bürger wohl zu Recht als Verfolgte des Islamismus fühlen. Vor allem aber als Verratene von der eigenen Politik.

VIII.
Zwangsheirat und Ehrenmord

Eines der ganz großen Rätsel ist, warum der Islam nie als Ursache für Zwangsheiraten genannt wird. Dabei ist eines klar: Die Ehe wider Willen ist in muslimischen Gesellschaften weit verbreitet. Spricht man jedoch von Gewalt an muslimischen Frauen, kommen oft reflexartig Rechtfertigungen wie: »Das hat nichts mit Religion zu tun!« Oder: »Es sind ja nicht alle Muslime so!« Wer keine Hintergründe erfahren will oder keine Diskussion über das unangenehme Thema Zwangsheirat führen möchte, beendet so jede Debatte, bevor sie überhaupt begonnen hat.

Fakt ist, wenn eine muslimische Frau heiraten will, benötigt sie nach der klassischen islamischen Lehre einen Vormund, auch »Wali« genannt. Ist dieser noch dazu Vater oder Großvater väterlicherseits, gilt er als »Wali Mudjbir« und kann die Frau zur Ehe zwingen. Ausgenommen davon sind nur jene Frauen, die schon einmal verheiratet waren. Geschiedene und Witwen dürfen nicht zur Wiederheirat gezwungen werden. Allerdings gilt auch für sie: Ohne das Einverständnis ihres Wali dürfen sie nicht erneut heiraten. Ein Wali kann einer Frau jederzeit die Heirat verbieten, wenn er mit dem potenziellen

Partner nicht einverstanden ist. Das belegt eine Überlieferung aus dem Leben Mohammeds: »Aisha berichtete: Ich hörte den Gesandten Allahs, Allahs Segen und Heil auf ihm, sagen: ›Jede Frau, die ohne Erlaubnis ihres Vormundes heiratet, hat eine ungültige Ehe‹« (Abu Dawud 2083, Iben Majha 1881). Manchmal argumentieren Muslime, der Prophet hätte die Zwangsehe für ungültig erklärt. Als Beweis dafür zitierten sie dann den folgenden Hadith nach Sahih Al Bukhari: »Khansa Bint Khidam Al Ansaryya berichtete, dass sie als Tayyib von ihrem Vater wiederverheiratet wurde und dass sie damit nicht einverstanden war. Sie begab sich deshalb zum Gesandten Allahs, Allahs Segen und Friede auf ihm, und er machte ihre Heirat rückgängig.«

In dieser Überlieferung ist eindeutig die Rede von einer Tayyib. So werden Geschiedene, Witwen oder deflorierte Frauen bezeichnet. Und diese dürfen, wie schon erwähnt, eben nicht gegen ihren Willen wieder zur Ehe genötigt werden. Die Geschichte dieser Tayyib erscheint neben Bukhari auch bei anderen Überlieferern. Doch leider unzureichend. Mal sagt dort die Frau, ihr Vater verheiratete sie als Jungfrau, ein anderes Mal aber, dass sie Tayyib war. Die Gelehrten erkannten die Überlieferung nach Bukhari für wahr an und sahen es zudem als erwiesen an, dass die Frau Tayyib war und einen Sohn hatte. In Streitgesprächen zitieren Geistliche meistens nicht die als authentisch erkannte Überlieferung nach Al Bukhari 5136 (4843), um so die Fakten zumindest ein bisschen unklarer zu machen. Oder sie konzentrieren sich nur auf einen Teil der Wahrheit. Wie zum Beispiel: Der Prophet hätte laut Überlieferer Bukhari die Zustimmung der Frau verlangt. Nach näherer Recherche stellen wir fest, dass die Zustimmung der Betroffenen erfolgt, indem sie schweigt: »Der Prophet (…)

sagte: ›Eine ältere Frau darf nur verheiratet werden, wenn dies mit ihr besprochen wurde. Und eine Jungfrau darf nur verheiratet werden, wenn sie der Heirat zustimmt.‹ Jemand fragte ihn: ›O Gesandter Gottes, wie äußert eine Jungfrau ihre Zustimmung?‹ Er erwiderte: ›Sie gibt dadurch ihr Jawort, dass sie schweigt.‹« Von echter Wahlfreiheit kann also keine Rede sein.

Mohammed heiratete seine Lieblingsfrau Aisha, als diese sechs Jahre alt war. In der Überlieferung der wichtigsten islamischen Quellen neben dem Koran heißt es laut Sahih Muslim 008:3310 und Sahih Al Bukhari 62:64: »Aisha, Allahs Wohlgefallen auf ihr, berichtete: ›Der Gesandte Allahs, Allahs Segen und Heil auf ihm, nahm seine Eheschließung mit mir vor, als ich sechs Jahre alt war, und eheliche Beziehungen (Sex) mit mir, als ich neun Jahre alt war!‹« Ein bindendes Mindestalter für Eheschließungen sieht die Scharia demnach bis heute nicht vor. Selbst Kinder dürfen verheiratet werden, auch wenn man erst in der Pubertät Sex mit ihnen haben sollte. Diese Einschränkung wird jedoch gerade von Jahrzehnte älteren Ehemännern oft nicht beachtet. Dies führt bei jungen Mädchen immer wieder zu schwersten Unterleibsverletzungen, teilweise mit Todesfolge.

Jedes Jahr werden laut dem Bevölkerungsfond der Vereinten Nationen (UNFPA) 14,2 Millionen Mädchen Opfer einer Zwangsheirat. Alle dreißig Sekunden wird eine junge Frau gegen ihren Willen verheiratet. Mädchen werden zu Kinderbräuten. Sie verlieren ihre Kindheit und ihre Freiheit. Sie verlieren ihre Freunde und das Recht auf Bildung. In vielen Fällen werden sie Opfer von Gewalt und sexueller Misshandlung. Ihr Leid ist grenzenlos. Doch sie leiden still. Auch Deutschland stellt hier keine Ausnahme dar, denn die Zahlen von Zwangsheiraten hierzulande sind alarmierend hoch. Laut einer Studie des Bundesministeriums für Familie, Senioren, Frauen und Jugend (BMFSFJ) suchten allein im Jahr 2008 offiziell 3443 Frauen Beratungsstellen wegen einer drohenden oder bereits vollzogenen Zwangsheirat auf. Die Dunkelziffer liegt jedoch wesentlich höher. Für viele Mädchen und Frauen ist die Familie der einzige soziale Bezugsrahmen. Aufgrund ihrer starken emotionalen Abhängigkeit von der Familie schaffen sie es oftmals nicht, entsprechende Hilfsangebote anzunehmen.

Aufgrund der steigenden Anzahl an muslimischen Migranten ist die Zwangsverheiratung in Deutschland zunehmend Gegenstand der öffentlichen Diskussion geworden. Offen und ehrlich ist die Debatte jedoch nicht. Obwohl 83 Prozent der von Zwangsheirat Betroffenen aus muslimischen Familien stammen, wollte ein Teil der Wissenschaftler, die an der Zwangsheiratsstudie des Bundesfamilienministeriums aus dem Jahr 2011 beteiligt waren, die Religionszugehörigkeit der Opfer am liebsten gar nicht erst ermitteln. Sie befürchteten antimuslimische Ressentiments.

Ohne Zweifel ist jedoch oft der Islam Ursache patriarchaler Strukturen. Eine im Jahr 2011 veröffentlichte Studie der Leuphana-Universität Lüneburg stellte fest: Je höher der Anteil von Muslimen in einer Gesellschaft ist, desto höher ist die durchschnittliche Identifikation aller Gruppen in dieser Gesellschaft mit patriarchalen Werten. Für ihre Untersuchung analysierten die Wissenschaftler Umfragedaten von mehr als 130 000 Personen aus 83 Ländern. Es ist die damit wohl umfangreichste Studie zu diesem Zusammenhang, die je durchgeführt wurde. Die Forscher widerlegten darin das Argument, dass die stärkere Verwurzelung in der Religion grundsätzlich zu patriarchalen Werten führe. Dr. Amy Alexander, eine der Autorinnen der Studie, erklärt: »Wir haben uns beispielsweise nur diejenigen Menschen angeschaut, in deren Leben Gott eine besonders wichtige Rolle spielt. Auch innerhalb dieser Subgruppe identifizieren sich Muslime erheblich stärker mit den patriarchalen Aussagen als Angehörige anderer Religionen.« Strukturelle Ursachen, wie fehlende Arbeitsmöglichkeiten für Frauen, seien keine Erklärung für die niedrige Stellung der Frau im Islam. »Stattdessen scheint es so zu sein, dass der Islam selbst eine Ursache dieser patriarchalen Strukturen ist.«

In derlei patriarchalen Strukturen ist dann auch meist nicht von »Zwangsheirat« die Rede, sondern von »arrangierten Ehen« – auch wenn diese erzwungen werden. Von einer arrangierten Ehe kann dann gesprochen werden, wenn die Heirat von Verwandten oder Bekannten im Einverständnis der Eheleute initiiert wird. In der Realität sind die Grenzen zur Zwangsheirat jedoch fließend. Denn meist bedeutet die Nichteinwilligung in eine Heirat seitens der Frau automatisch einen Gesichtsverlust gegenüber der eigenen Familie und der gesamten Gemeinschaft. Dabei ist gerade in islamisch geprägten Gemeinschaften das Ansehen der Familie vor allem vom regelkonformen Verhalten der Frau abhängig. Ihr Gehorsam gegenüber den Lehren Mohammeds und ihre Jungfräulichkeit vor der Ehe schützen die Ehre der Familie.

Viele Mädchen werden deshalb möglichst früh verheiratet. Die Heirat ist somit zugleich eine Disziplinierungsmaßnahme zur Reglementierung der sexuellen Orientierung. Oft werden Zwangsheiraten aber auch deshalb vollzogen, um dem nachziehenden Ehepartner einen Aufenthaltstitel in Deutschland zu verschaffen oder andere ökonomische Vorteile zu erlangen.

Dem islamischen Verständnis nach kann ein Mann seine Frau jederzeit verstoßen. Frauen hingegen können sich nicht so einfach scheiden lassen. Laut Scharia dürfen muslimische Frauen die Scheidung nur wegen mangelnden Unterhalts, aufgrund von Missbrauch oder sexueller Vernachlässigung einreichen. In manchen Ländern, wie Saudi-Arabien, benötigen Frauen darüber hinaus einen männlichen Verwandten, der vor Gericht ihr Scheidungsbegehren unterstützt. Ansonsten wird ihr Scheidungsantrag nicht angenommen.

Kommt es dann tatsächlich zu einer Scheidung, gehören die Kinder dieser Ehe nach islamischem Recht immer dem Vater. Babys und Kleinkinder dürfen zwar noch für einige Jahre bei der Mutter bleiben, danach müssen sie aber zu der Familie des Vaters. In einzelnen muslimischen Ländern erlauben spezielle Gesetze zwar eine längere Verbleibezeit bei der Mutter, doch letztlich muss das Kind früher oder später zum Vater.

Zwangsheiraten haben oft schwerwiegende Auswirkungen auf das Leben der Betroffenen. Viele Frauen sind erheblicher psychischer Gewalt in Form von Beschimpfungen, Erniedrigungen, Drohungen und moralischer Erpressung seitens der Familie ausgesetzt. Mehr als die Hälfte aller Zwangsverheirateten werden zudem Opfer physischer, zum Teil auch sexueller Gewalt. Dies führt zu einer alamierend hohen Selbstmordrate bei Muslimas, die hierzulande doppelt so hoch ist wie bei gleichaltrigen deutschen Frauen. Ein Drittel der Zwangsverheirateten wird sogar mit Waffen oder dem Tod bedroht. Häufig leiden die Frauen unter panischer Angst und Depressionen. Darüber hinaus riskieren sie die soziale Isolierung und den Verlust von Familie und Freunden. Ein großes Problem ist auch, dass knapp 70 Prozent der Frauen Schule oder Ausbildung abbrechen müssen. So landen manche sogar in der Prostitution.

Beispielhaft sei hier das Schicksal einer jungen Türkin nachgezeichnet: Sekin stammt aus dem Südosten der Türkei und hatte ein trauriges Leben bei ihrer Familie: Schläge, Beschimpfungen und Strafen waren an der Tagesordnung. Schließlich wurde sie einem Mann namens Murat versprochen, der in Deutschland einen Döner-Imbiss betreibt. Er versprach Sekin ein schönes Leben in dem fremden Land, und sie glaubte ihm. Ein Jahr nach der Verlobung reiste Sekin nach Deutschland zu Murat, mit dem sie inzwischen standesamtlich verheiratet war. Ihre Brüder, die die Verbindung nicht mehr wollten, drohten ihr mit dem Tod, sollte sie auf die Idee kommen, wieder in die Türkei zurückzukehren. In Deutschland wurde sie von ihrem Mann vom ersten Tag an beschimpft, bedroht und geschlagen und musste von früh bis spät in seinem Imbiss arbeiten. Nach einem Vierteljahr reiste sie zu ihrer Familie in die Türkei, wagte es aber nicht, zu erzählen, wie schlecht ihr Mann sie behandelte. Als sie schließlich nach Deutschland zurückkehren musste, weigerte sich Murat, sie wiederaufzunehmen. Sekin zog zu Bekannten und später in ein Frauenhaus. Dort lebte sie in großer Angst vor einer möglichen Abschiebung. Denn bei einer Rückkehr in die Türkei musste sie fürchten, von ihren Brüdern umgebracht zu werden. Kurz nachdem die Familie erfahren hatte, dass Sekin in einem Frauenhaus lebt, drohten sie ihr mit Ehrenmord. Sie sagten, Sekin solle zu ihrem Mann zurückkehren, sonst sei ihre Ehre verletzt und beschmutzt. Die Bekannten, bei denen Sekin eine Weile gewohnt hatte, distanzierten sich von ihr, da auch sie von der Familie bedroht und beschimpft wurden. Sekin war verzweifelt und verängstigt. Mein Verein Sabatina e.V. half der jungen Frau schließlich, um ihr Bleiberecht in Deutschland zu kämpfen und dem angedrohten Ehrenmord zu entgehen.

Obwohl die Zwangsverheiratung eine eklatante Menschenrechtsverletzung darstellt, gab es in Deutschland dafür lange Zeit keinen eigenen Straftatbestand. Erst 2011 wurde die Zwangsheirat unter Strafe gestellt. Etwaigen Tätern drohen nun bis zu fünf Jahre Haft. Dennoch stehen viele Opfer immer noch vor kaum überwindbaren Hürden: Sie müssen die Zwangsheirat nachweisen. Aber wie soll das gehen? Die Täter leugnen ihre Schuld. Und meist steht die gesamte Familie gegen das weibliche Opfer. Auch Freunde und Respektspersonen des religiösen Lebens, wie Imame, helfen den betroffenen Frauen selten. Denn auch für sie zählt meist das Prinzip der Ehre mehr als die Leiden der Opfer.

Um zwangsverheirateten Frauen eine reale Chance vor Gericht zu geben, wäre es essenziell, alle Betroffenen einzeln zu verhören. Denn sitzen Eltern oder Mitglieder des Familienclans im Gerichtssaal, ist ihr moralischer Einfluss auf die Frauen groß: Der Vorwurf »Wir sind deine Familie! Du bist schuld, wenn wir ins Gefängnis kommen und damit die Ehre unserer Familie zerstört wird!« steht in einer solchen Konstellation immer mit im Raum und lässt viele Opfer im entscheidenden Moment schweigen.

Bei allen Vernehmungen spielt zudem der Opferschutz eine lebenswichtige Rolle. Denn wer seinen Familienclan anzeigt, läuft ernsthaft Gefahr, von ihm ermordet zu werden. Oft genug werden jedoch Anordnungen zum Schutz vor Gewalt aus juristisch fragwürdigen Gründen verweigert, da den Mitarbeitern der Strafverfolgungsbehörden die Kultur, aus der die Betroffenen stammen, meist völlig fremd ist. Vor allem die Mitarbeiter von Jugendämtern, Gerichten, Staatsanwaltschaften und Kriminalpolizei sollten daher entsprechend geschult werden, und zwar nicht von weltfremden Kultur- oder Islamwissenschaftlern, sondern von den Betroffenen selbst. Sinnvoll wären auch Seminare und Fortbildungsveranstaltungen, die einen Einblick in die Welt der Opfer geben. Aber auch das Schaffen neuer Schutzräume für die Betroffenen ist essenziell, um schnelle und vor allem unbürokratische Hilfe im Falle von Zwangsehen zu bieten.

IX.
Ahmadiyya – eine totalitäre Sekte

Keine Islamgemeinschaft in Deutschland wird so hofiert wie die Ahmadiyya Muslim Jamaat (AMJ). Seit 2013 ist die Gemeinschaft sogar Körperschaft des öffentlichen Rechts: So kommen die Ahmadiyyas in den Genuss steuerlicher Vergünstigungen und zahlreicher anderer staatlicher Privilegien. Die Bundesregierung wählte sie sogar zum Kooperationspartner, um den Islamunterricht an deutschen Schulen zu konzipieren.

Dabei ist die Lehre der Ahmadiyya-Sekte extrem totalitär und frauenverachtend. Aussteiger berichten von Überwachungswahn, Repressalien, Gewalt gegen Abweichler und Strukturen organisierter Kriminalität. Der deutsche Konvertit und Vorsitzende der Ahmadiyya, Abdullah Uwe Wagishauser, sagt: »Ich bin mir durchaus bewusst, dass wir uns weiterhin Sachen erkämpfen müssen, etwa den Zugang zu öffentlichen Medien oder einen Platz im Ethikrat. Aber rein theoretisch haben wir jetzt ein Recht auf das Wort zum Freitag im öffentlich-rechtlichen Fernsehen. Das ist schon mal ein gutes Gefühl.«

Selbst nach islamischem Verständnis ist es jedoch geradezu absurd, die Ahmadiyya-Gemeinschaft zum Sprachrohr des Islam zu machen. Das wäre fast so, als würde man die Zeugen Jehovas zu exklusiven Repräsentanten des Christentums erklären. Von den meisten Muslimen weltweit – Sunniten wie Schiiten – wird die Ahmadiyya-Sekte nämlich als »unislamisch« angesehen. Die Al-Azhar-Universität in Ägypten, die einflussreichste religiös-ideologische Instanz der muslimischen Welt, hat sie in einem Rechtsgutachten von 1984 sogar zu einer häretischen, also sektiererischen Splittergruppe erklärt.

Vernünftig ist die Entscheidung der Bundesregierung also nicht. Dafür aber verlockend. Denn was kann der Politik Besseres passieren, als einen Dialogpartner zu finden, der sich als Reformbewegung des Islam verkauft? Das klingt nach Fortschritt, nach Aufbruch. Das ist großes Integrations-Kino. Die Frage ist nur, was genau haben die Ahmadiyyas reformiert? Und was will diese Gruppierung überhaupt?

Die Mitglieder der Ahmadiyya machen nur etwa ein Prozent der islamischen Bevölkerung in Deutschland aus. Im interreligiösen Dialog können sie also kaum als Vertreter der muslimischen Mehrheit angesehen werden. Dennoch sitzen ihre Vertreter wie selbstverständlich in den TV-Shows und sind gern gesehene Teilnehmer an Podiumsdiskussionen zahlreicher Universitäten. Ihre Parole »Liebe für alle, Hass für keinen« scheint auf viel Gegenliebe zu stoßen. Zumindest im verträumten Deutschland, wo ihnen gerne Asyl gewährt wird. Die Ahmadiyyas gelten nämlich als Verfolgte, als Opfer der Islamisten Pakistans, wo sie einst ihren Ursprung hatten – wären da nicht die zahlreichen Geschichten von Folter und Verfolgungen, die die vermeintlichen Opfer als Täter entlarven: Die Ahmadiyya versetzten die Menschen in Pakistan nämlich immer wieder in Angst und Schrecken. Viele Ahmadiyya-Kritiker und Freigeister wurden sogar bestialisch ermordet.

Ein Augenzeuge berichtet in einer eidesstattlichen Erklärung über seine Erfahrungen in Pakistan: »Man hat ihn (…) bei den Bahngleisen auf den Boden gelegt. Sie haben seine Beine mit Seilen so fest umwickelt, dass man wegen des Blutstaus seine immer lauter werdenden Schreie vernahm. Er wurde in regelmäßigen Abständen mit Stöcken und Hockeyschlägern geschlagen. Ein anderer, der circa 400 Meter entfernt aufgehängt wurde, war alt. Er wurde auch halb totgeschlagen. Es wurde ein Stein unter sein Bein gelegt und darauf wurde ein Stein geschlagen […]. Die Knochen seiner Beine waren an mehreren Stellen gebrochen. Dutzende Menschen wurden in Gruppen um dieses Geschehen gesetzt, die von den Funktionären der Ahmadiyya angewiesen wurden. Am Schlagen der beiden Männer waren viele Leute beteiligt, die man nachts nicht sofort erkennen konnte. Dennoch habe ich (…) einen Funktionär der Amur e Ama (Anm.: laut Insidern übernimmt Amur e Ama geheimdienstliche Aufgaben innerhalb der Strukturen der Ahmadiyya) und (…) (Anm.: Privatsekretär des verstorbenen Kalifen Mirza Nasir Ahmed) erkannt (…). Danach hörte ich ein lautes Geräusch, und ein herzzerreißender Schrei wurde laut. Danach habe ich erfahren, dass beide getötet worden waren.«

Noch ein weiteres Verbrechen aus dem Land der Ahmadiyyas wurde an Eides statt zu Protokoll gegeben: »Wir sind auf dem Weg zur Schule gewesen. (…) Ich sah dort die nackte Leiche eines jungen Mannes liegen. Seine Sexualorgane waren ihm abgeschnitten und in seinen Mund gestopft worden. Dort hat uns ein junger Mann aufgeklärt, dass diese Leiche dort liegt, damit wir die Lehre aus dem Tod dieses Mannes ziehen, dass jede Stimme, die sich gegen die Ahmadiyya-Gemeinde erhebt, durch diese Methode zum Schweigen gebracht wird. Später hat man erfahren, dass dieser Mann in der Nähe des

Bahnhofs einen Obst-und-Gemüse-Wagen hatte. Er hatte eine Verfehlung der Kalifenfamilie gesehen oder erfahren, und er hatte angefangen, das seinen Kunden zu erzählen. Er wurde von der Behörde der Amur e Ama darauf hingewiesen, das zu unterlassen. Er tat dies nicht, und die Angelegenheit mündete in dieses Geschehen.«

Und auch diese dritte Begebenheit wurde an Eides statt erklärt: »Im Jahr 1969 gab es am Ende des Rehmat Bazaar eine kleine Mühle, die Mehl gemahlen hat. Diese gehörte dem Vater des Privatsekretärs des in England befindlichen Kalifen Mirza Tahir Ahmed, namens Hadi Ali. Diese hatte er an drei Nicht-Ahmadiyyas verpachtet (…). Als ich dort ankam, hat ein Mann (…) mit dem Hockeyschläger in der Hand zwei der drei Brüder nach draußen geschubst. Beide hatten ihre Hände gefaltet und baten um Gnade für ihren Bruder. Aber sobald die Amur e Ama eine Entscheidung gefällt hatte, musste man dem folgen. Drinnen sah man, wie der dritte Bruder so unbarmherzig behandelt wurde, dass man seine lauten Schreie draußen vernehmen konnte. (…) Nach einer halben Stunde hatten die Schläger ihm alle Knochen gebrochen und verließen voller Stolz die Mühle. Nach einer Weile hat man erfahren, dass er seinen Verletzungen erlag.«

Angesichts solcher Geschichten ist es mehr als verwunderlich, wie die Ahmadiyyas es immer wieder schaffen, sich selbst als Verfolgte und Opfer zu inszenieren, obwohl sie oft genug selbst grausame Täter sind. Doch der deutsche Staat hört nicht auf die Stimmen derer, die durch die Ahmadiyya-Gemeinde tyrannisiert werden. Die Opfer berichten von Kopftuchzwang, Körperstrafen und Hass gegenüber Andersgläubigen. Aber auch die verzerrten Weltbilder der Sekte scheinen für die Bundesregierung keine Rolle zu spielen. Auch dazu ein Beispiel:

Die Quintessenz eines im Jugend-Journal der Ahmadiyya-Gemeinde erschienenen Artikels lautete: Schweinefleisch macht schwul! Die Autorin diskutierte darin die »Auswirkungen von Schweinefleischverzehr auf das menschliche Moralverhalten«. Sie bezeichnete das Schwein als »schamloses Tier«. Daher würde es zur »Ausprägung gewisser Verhaltensweisen des Konsumenten« beitragen. Sie bezog sich damit auf den ehemaligen geistlichen Führer der Ahmadiyya, Hazrat Mirza Tahir Ahmad. Dieser hatte den »zunehmenden Hang zur Homosexualität in der Gesellschaft« mit dem Verzehr von Schweinefleisch in Verbindung gebracht. Die Ahmadiyyas verteidigten die Ausführungen der Verfasserin nach Kräften. Im April 2007 erklärte ihr Dachverband jedoch gegenüber der Tageszeitung *Die Welt*, die schriftlichen Aufzeichnungen der genauen Worte ihres verstorbenen vierten Oberhaupts, Mirza Tahir Ahmad, seien »derzeit nicht verfügbar«.

Wer in eine Ahmadiyya-Gemeinde hineingeboren wird, ist ihr zu Gehorsam auf Leben und Tod verpflichtet – auch in Deutschland. Was das im Einzelfall für die Gemeindemitglieder bedeuten kann, zeigt die eidesstattliche Erklärung eines Aussteigers im Juni 2013: »Meine Cousine (…), derzeitiger Wohnort Mannheim, hat mir mitgeteilt, dass ihr zweites Kind, die Tochter (…), zurzeit zwölf Jahre alt, durch den Vater des Kindes missbraucht worden ist. (…) Alle Geschwister und die Gemeindevorsitzenden in (…) wussten davon. Sie hat auch einen Brief an den fünften Kalifen nach London geschrieben und ihm diese Tat mitgeteilt. Die Gemeinde hat (…) meine Cousine gezwungen, mit ihrer Tochter bei dem Ehemann zu bleiben.«

Und wenn man die folgende Zeugenaussage ernst nimmt, disqualifiziert sich die Ahmadiyya-Gemeinschaft endgültig für den Auftrag, an deutschen Schulen Islamunterricht zu erteilen:

»In meiner Familie gibt es mehrere Kinder, die an die Gemeinde verschenkt worden sind. Diese Kinder dürfen nicht draußen spielen (…). Ihre Erziehung ist einem besonderen Erziehungsplan unterworfen. (…) Die Zentrale kontrolliert das wöchentlich.« Der Insider erzählt auch, wie Frauen massiv unter Druck gesetzt werden, Schleier zu tragen: »Meine Ehefrau hat das Kopftuch wie die türkischen Frauen gebunden. Die Vorsitzende der Ahmadiyya-Gemeinde in Frankfurt, Zohra Iqbal, hat sie zu sich zitiert und gefragt, ob sie außerhalb der Gemeinde ohne Gesichtsschleier herumläuft. Sie wurde mehrmals in die Gemeinde zitiert. Ihr wurde mitgeteilt, dass es eine Anordnung vom Kalifen gibt, wonach sie nicht ohne Gesichtsschleier gehen darf. Sollte sie dem nicht Folge leisten, werde das an eine höhere Autorität der Gemeinde mitgeteilt, die eine Bestrafung anordnen werde.«

Solche Drohungen verfehlen ihre Wirkung nicht, denn ein Ausschluss aus der Gemeinde geht erstens mit harten Bestrafungen einher und hat zudem die leidvolle Trennung von der eigenen Familie zur Folge. In einem Video droht das jetzige Oberhaupt der Ahmadiyyas: »Ich habe das Recht, Frauen zu exkommunizieren, wenn sie ungehorsam sind!« Diese gebieterische Einstellung des Kalifen wirft die Frage auf, warum er sich selbst so gerne mit unverschleierten Damen in der Öffentlichkeit zeigt. Der Verdacht liegt nahe, dass diese Auftritte allein dazu dienen, die Herzen der unwissenden Europäer zu gewinnen. Denn jene Frauen, die nicht als Pressesprecherinnen seiner Gemeinde medienwirksam in Erscheinung treten, genießen nicht annähernd die Freiheiten, die die Gemeinschaft öffentlich gerne propagiert.

Viele Ahmadiyya-Frauen wagen es nicht, über die Gewalt zu sprechen, die ihnen angetan wird. Einige der Opfer betreue ich durch meinen Verein Sabatina e.V. Viele sind Opfer von Zwangsheirat und Drangsalierung. Keine von ihnen wagt sich auch nur in die Nähe einer Ahmadiyya-Moschee. Und das in Zeiten, in denen der Drang der Ahmadiyyas, sich ihrem beeindruckten Gastland mitzuteilen, sehr groß ist. »Liebe für alle und Hass für keinen«, verkünden sie. Und ihre Worte verfehlen ihre Wirkung nicht. Es kommt gut an, wenn sie den ehrenamtlichen Straßenkehrdienst übernehmen oder unbedarfte, harmoniebedürftige Journalisten und Politiker einladen, um der Öffentlichkeit ein möglichst liberales und freundliches Bild von sich zu vermitteln.

Müssen all die Zeugenberichte der Opfer angesichts dieser ausgebufften Propaganda da nicht wie bedauerliche Einfälle klingen? Doch bereits ein kurzer Blick auf die Inhalte der Ahmadiyya-Lehre enthüllt ihr wahres Gesicht: »Es wird nur eine Religion geben und nur einen Führer«, zitierte der vierte Kalif in seiner Rede zur Jahreswende 2000/2001 den Gründer der Ahmadiyya. Und weiter: »Ich bin sicher, dass, wenn der Endsieg des Islam kommt – und er wird bestimmt kommen –, dies durch die Ahmadiyya der Fall sein wird (…). Es wird in dieser Welt nur eine Religion geben und nur einen Propheten, der uns leitet. (…) Alle Glaubensbekenntnisse werden zugrunde gehen, mit Ausnahme des Islam.«

Aber auch der Slogan »Hass für keinen« wirkt in Anbetracht des folgenden Lehrsatzes wie blanker Hohn: »Beim ersten Aufstieg des Islam war der Untergang der christlichen Völker nicht endgültig, aber sein Wiederaufstieg in unserer Zeit wird die vollständige Verdrängung der Lehrsätze des Christentums herbeiführen.« Wie sehr das Denken der Ahmadiyya auf einen Religionskrieg ausgerichtet ist, belegen folgende Zitate: »(…) den Juden und den Christen wird angeraten, nichts gegen den verheißenen Propheten zu unternehmen. Wenn sein Einfluss sich in ihrem Lande bemerkbar macht, so sollen sie ihn akzeptieren. (…) Widersetzlichkeit wird nur bedeuten, dass die Widersacher selbst vernichtet werden (…).«

Spätestens an diesem Punkt müsste doch ein kritisches Hinterfragen der staatlichen Privilegierung solcher Organisationen in unserer Gesellschaft einsetzen. Besagt das Grundgesetz der Bundesrepublik Deutschland in Artikel 20, Absatz 4 nach den bitteren Erfahrungen des Dritten Reichs nicht, dass die freiheitlich-demokratische Grundordnung über allen anderen Rechten steht und zu verteidigen ist? Stattdessen werden im Rahmen des 100-Moscheen-Programms der Ahmadiyya-Gemeinschaft ständig neue Moscheen mit staatlichem Segen eingeweiht. Für jeden klar denkenden Menschen ist so ein Vorgehen völlig unverständlich. Und auch Ahmadiyya-Aussteiger wie Nasir Ahmad Karim teilen diese Auffassung: »Ich habe die Gemeinde aufgrund der hasserfüllten Worte gegen Jesus, die Christen und andere Religionen verlassen.«

Zum Glück scheinen aber nicht alle Politiker in Sachen Ahmadiyya auf beiden Augen blind zu sein. Die pakistanischstämmige Samina Khan, Fraktionsgeschäftsführerin der Partei Die Linke im Kreis Offenbach, erzählt in einem persönlichen Gespräch von den mafiösen Unterdrückungsmethoden der Ahmadiyya-Gemeinde. Ihr liegen zahlreiche eidesstattliche Augenzeugenberichte vor, wie Asylanten in einem perfiden Überwachungssystem auf Linie gehalten werden. Ein eigenes Organ, die Amur e Ama, offiziell eine Beratungs- und Schlichtungsstelle, faktisch aber der Geheimdienst der Ahmadiyya, kümmert sich um diese Aufgaben. Im repressiven Ahmadiyya-Staat verfasst eine Vorsitzende der Frauengemeinde einen monatlichen Bericht über die Verhaltensweisen der weiblichen

Insassen der Asylantenheime. Aus Angst vor negativen Berichten fügen sich die völlig machtlosen Asylbewerberinnen. Die Frauen sollen von der deutschen Gesellschaft ferngehalten und von der Ahmadiyya-Gemeinde abhängig gemacht werden. Viele Asylanten müssen zudem einen stattlichen Anteil ihres mageren Taschengelds an die Ahmadiyya-Gemeinde abgeben. Arshad Mehmood Raja berichtet, er habe als Asylsuchender zwischen 1990 und 2001 stattliche 8114 Deutsche Mark an Spenden an die Ahmadiyya zahlen müssen. Nur wer bedingungslosen Gehorsam gegenüber der Ahmadiyya-Obrigkeit zeigt, habe eine Chance auf die Gewährung von Asyl. Denn in einem wohlgeschmierten System wird die höchstrichterliche Anerkennung eines Asylsuchenden zu einer Lappalie von zehn Minuten, wenn die Ahmadiyya-Gemeinschaft als Bürge für den gehorsamen Asylbewerber auftritt.

Doch mit der Instrumentalisierung des deutschen Asyl- und Rechtssystems noch nicht genug. Der Zeuge Salman Mehmood offenbart ein abartiges Bestrafungssystem, das nur ein Ziel verfolgt: Es soll Angst erzeugen. Angst, die sich tief im Bewusstsein eines jeden Ahmadiyyas festkrallt. Bevor das Gemeindegebäude mit einem speziellen Bestrafungsraum fertiggestellt worden war, züchtigten die Sekten-Führer widerspenstige Ahmadiyya-Mitglieder in Wohnwagen. 15 Bestrafungen habe er persönlich miterlebt, bei denen die Opfer beispielsweise ihre Arme ausstrecken mussten und mit Holzstöcken geschlagen wurden, so Salman Mehmood. Und Fauzia Faizi, eine Cousine des amtierenden Ahmadiyya-Oberhaupts Mirza Masoor Ahmad, fasst zusammen: »Der Umgang in dieser Sekte mit Menschen basiert auf: Bestrafung, Bestrafung, Bestrafung.«

Das zentrale Element des Ahmadiyya-Lehrplans »198 Wege des Erfolgs« für sieben- bis achtjährige Kinder ist ebenfalls zutiefst fragwürdig. »Ich komme in der Gesellschaft mit niemandem aus. Alle sind meine Feinde«, heißt es dort auf Seite 19. Dieser zentrale Satz zerstört im Kern alle späteren Integrationsversuche der Gesellschaft. Er macht sie unmöglich, weil die Kleinen mit einer kriegerischen Ideologie indoktriniert und zwangsläufig zu Sonderlingen mit phobischen Feindbildhalluzinationen werden. Aber damit nicht genug. Die Kinder werden in einer sensiblen Phase ihrer Persönlichkeitsentwicklung sogar in eine gefährliche Märtyrerhaltung hineingezwungen. Sie sollen sich als Kanonenfutter im Heiligen Krieg zur Ausbreitung des Islam verstehen: »Selbst wenn ich vernichtet werde, kümmert es mich nicht, wenn mein Tod dazu führt, dass der Sieg des Islam kommt«, heißt es im Lehrplan der Ahmadiyya auf Seite 61. Und dann gipfelt die Ahmadiyya-Erziehung in einem Treueschwur gegenüber totalitären Organisationen: »Ich werde mein Vermögen, mein Leben, meine Familie, meine Ehre, alles für die Ahmadiyya opfern.«

Spätestens jetzt muss die Frage erlaubt sein: Seit wann werden in Deutschland Sekten, die von ihren Mitgliedern einen Treueeid auf Leben und Tod verlangen, als »Körperschaft des öffentlichen Rechts« privilegiert? Scientology wirkt geradezu harmlos im Vergleich zu dieser sonderbaren Körperschaft. Trotzdem steht der Ahmadiyya-Gemeinschaft nun gemäß Grundgesetz, Artikel 137, Absatz 6 das Recht zu, über das Finanzamt Steuern einzutreiben: »Die Religionsgesellschaften, welche Körperschaften des öffentlichen Rechts sind, sind berechtigt, aufgrund der bürgerlichen Steuerlisten nach Maßgabe der landesrechtlichen Bestimmungen Steuern zu erheben.« Steuern, die die Ahmadiyya für ihren Glaubenskrieg erheben.

X.
Fazit

Im Umgang mit dem Islam leisten wir uns einen geradezu grotesken Leichtsinn. Wir riskieren langfristig den Zusammenhalt, ja sogar den Bestand unserer freien und demokratischen Gesellschaft, indem wir die totalitären Machenschaften von Vereinen und Verbänden nicht nur dulden, sondern sogar durch unsere Parlamente und Gerichte schützen. Statt die notwendige kritische Distanz zu wahren, haken Bundeskanzlerin Angela Merkel, Vizekanzler Sigmar Gabriel und Bundespräsident Joachim Gauck die Vertreter eines demokratiefeindlichen Religionsverständnisses unter und marschieren auf der Gedenkveranstaltung für die Opfer des Terroranschlages von Paris im Januar 2015 demonstrativ Seit' an Seit' mit ihnen. Und wer selbst diese Botschaft auch nicht verstanden hat, dem sagt das Merkel wörtlich: »Der Islam gehört zu Deutschland.« Gehört er nicht!

Ganz in diesem Sinne fällte das Bundesverfassungsgericht im März 2015 ein Urteil, das man nur fassungslos zur Kenntnis nehmen kann. Vier Richter und zwei Richterinnen gaben zwei kopftuchtragenden Lehrerinnen recht, die gegen das Kopftuchverbot an nordrhein-westfälischen Schulen geklagt hatten. Das

Urteil der Verfassungsrichter war in etwa so weltfremd wie Scharia-Urteile in der islamischen Welt. Das islamische Kopftuch ist ein weltweites Symbol für Geschlechter-Apartheid. Es ist Ausdruck des Drucks auf junge Mädchen in patriarchalen Familien mitten unter uns. Dieses Stück Stoff ist die internationale Flagge von Islamisten, Salafisten und Terroristen in ihrem Kampf zur Unterdrückung der Frau, sprich zur Etablierung einer patriarchalen Gesellschaft. Wir sollten endlich begreifen, dass das Kopftuch nicht einfach ein religiöses Symbol ist. In meiner islamischen Kultur lernte ich, dass muslimische Frauen Kopftuch tragen müssen, damit der Mann durch ihre Sexualität nicht in Versuchung gerät. Damit werden sie als Sexsymbole abgewertet. Das Karlsruher Urteil unterstützt diese Ungleichheit der Frau und damit fundamentalistische Muslime. Das fatale Urteil ist gegen die Integration und steht im Widerspruch zu unserem Grundgesetz. Aber ein solcher Gerichtsentscheid ist typisch für unser völlig falsches Toleranzverständnis.

Wie soll sich künftig ein Mädchen gegen den Kopftuchzwang ihrer Familie wehren können, wenn selbst die Lehrerin in der Schule ein Kopftuch trägt? Wenn der Dogmatismus autoritärer Islamisten bis in die Klassenzimmer vordringt, haben wir den wichtigsten Raum für eine freie geistige Entwicklung unserer Kinder kampflos aufgegeben. Wir denken, es sei tolerant, wenn wir allen alles erlauben, und merken gar nicht, dass wir dabei unsere Freiheit verschenken. Frei zu sein heißt, selbst entscheiden zu können, wohin ich gehe, woran ich glaube und welchen Menschen ich liebe. Der Islam erlaubt all dies nicht. Im Islam gibt es keine Freiheit. Im Gegenteil, Freiheit ist der Feind des Islam und erst recht der Islamisten.

Islam heißt so viel wie Unterwerfung – und er erzwingt sie auch. Ein Muslim unterwirft sich dem Willen Allahs, also dem

Koran und damit letztlich denjenigen, die für sich das Recht in Anspruch nehmen, den Koran im Sinne des Propheten auszulegen. Diese Prediger nutzen die Schriften des Islam als wirksame Werkzeuge der Unterdrückung und Entmündigung. Sie bekämpfen den freien Willen der Gläubigen durch menschenfeindliche Gesetze, Anordnungen, Drohungen und die drakonischen Strafen der Scharia. Will ein Gläubiger sich vom Islam abwenden und eine andere Religion annehmen, droht ihm die Todesstrafe. Im Namen des Islam werden täglich weltweit Menschen gesteinigt, ausgepeitscht, verstümmelt und auf bestialische Weise hingerichtet. Und alle Muslime weltweit akzeptieren das stillschweigend. Oder kann sich jemand daran erinnern, dass die in Deutschland lebenden Muslime jemals gegen Folter und Todesurteile in den Staaten dieser Welt protestiert und demonstriert hätten, in denen der Islam und mit ihm die Scharia die Freiheit der Menschen in Ketten legen?

Muslime in Deutschland und Europa fordern Rechte ein, die sie in islamischen Staaten keinem Andersdenkenden und keinem mit anderer Religionszugehörigkeit einräumen würden. Sie verlangen Sonderrechte in der Schule, Betpausen am Arbeitsplatz, den Bau von Moscheen und die Einführung islamischer Gerichtsbarkeit. Sie stellen die Kultur ihrer Herkunftsländer über die ihrer neuen Heimat. Obwohl 50 Jahre nach der Ankunft des ersten türkischen Gastarbeiters heute etwa drei Millionen Menschen mit türkischen Wurzeln in Deutschland leben, ist die Zahl der Mischehen immer noch verschwindend gering. Es gibt kaum familiäre Bindungen, und grundsätzlich gilt: Heiratet ein Muslim eine Deutsche, sind die Kinder automatisch Muslime und werden meistens so erzogen. Und wenn die Frau sich scheiden lassen will, weil der Mann sie einsperrt, schlägt und vergewaltigt, müssen sich diese Frauen inzwischen sogar von deutschen Gerichten anhören, dass so etwas in muslimischen Kulturkreisen üblich und damit nicht zu beanstanden und also zu ertragen sei. Eine Gesellschaft, die all dies zulässt, gibt sich auf. Genau diesen Prozess erleben wir gerade. Es ist höchste Zeit zu begreifen, dass unsere Freiheit in großer Gefahr ist. Und wir werden sie nicht retten können, ohne das bereits verlorene Terrain zurückzuerkämpfen.

Sabatina James, im März 2015

SABATINA JAMES

Sterben sollst du für dein Glück

Gefangen zwischen zwei Welten

»Meine Eltern haben gedroht, mich zu töten. Ich bin gefangen zwischen zwei Kulturen, die nicht kompatibel sind. Mein Name ist Sabatina James. Und das ist meine Geschichte.«

Im Alter von zehn Jahren zieht Sabatina mit ihrer Familie von Pakistan nach Österreich. Schnell passt sie sich der westlichen Lebensweise an – sehr zum Missfallen ihrer Eltern. Mit siebzehn wird sie zurück nach Pakistan geschickt, um ihren Cousin zu heiraten. Als sie sich weigert, scheint Sabatinas Schicksal besiegelt, denn ihre Familie fällt das Todesurteil über sie.

KNAUR

SABATINA JAMES

Nur die Wahrheit macht uns frei

Mein Leben zwischen Islam und Christentum

»Sabatina hat einen hohen Preis dafür gezahlt, ein freies Leben mit einem selbstgewählten Glauben zu führen. Heute setzt sie sich für andere muslimische Frauen ein, die in ihren Familien Missbrauch, Unterdrückung und tödliche Gewalt erleben. Ich wünschte, es gäbe Tausende Sabatinas …«

Ayaan Hirsi Ali, Autorin von »Ich klage an«

PATTLOCH